KARIM BENZEMA

Mission galactique

Ouvrage dirigé par **Florence Pierron-Boursot et Mathilde Guillier**
Illustration de couverture : **Alain Boyer**
Illustrations : © Shutterstock.com
Mise en page : **Christophe Petit**

Avec la collaboration de **Anne-Laure Schneider**

34-36, rue La Pérouse, 75116 – Paris

ISBN : 9782755662641
Imprimé en France par Corlet
Dépôt légal : novembre 2022
N° d'impression : 23050587

Sandra KOLLENDER

KARIM BENZEMA

Mission galactique

Hugo Jeunesse

1

LE FEU

Il fait chaud, cet après-midi-là. Une chaleur à laquelle Karim va devoir s'habituer. Rien qui ressemble aux étés à Bron, sa ville natale, à quelques kilomètres de Lyon. Ici c'est Madrid, capitale de l'Espagne, c'est le stade Santiago Bernabéu, c'est la ferveur des supporters du Real. Ici c'est le sacre officiel de Karim, 21 ans, « el Goleador ».

Depuis les vestiaires où il attend qu'on l'appelle, Karim perçoit un grondement. Il connaît ce bruit. Il l'entend de plus en plus souvent, et pourtant il ne cesse de le faire frissonner. Son esprit bourdonne, sa mémoire s'agite. Il se souvient de ses quatre finales de Championnat : 2005, 2006, 2007 et 2008, toutes remportées, mais aussi de la rencontre Lyon/Saint-Étienne aux côtés de Ben Arfa. Il se revoit tirer ce coup franc de la dernière chance. Des hourras, des bravos, des supporters heureux. L'adrénaline au maximum. De la pure magie.

Et la liste ne s'arrête pas là.

Cette fois pourtant c'est différent. En écoutant les chants, les claquements de talons sur les gradins, les mains qui applaudissent, et tout ce qui fait la joie d'une rencontre, Karim pense au chemin parcouru depuis Bron. Les premiers ballons frappés devant la maison, sur le terrain en terre battue, le passage éclair au Sporting Club et toutes les années passées à l'Olympique lyonnais depuis l'âge de 9 ans. Quand il va ouvrir la porte du vestiaire, il va remonter le couloir et écarter le rideau qui le sépare de la pelouse. Puis il va entrer sur le grand rectangle vert et tout le monde va le regarder. Les caméras vont être braquées sur lui, sur son visage, son sourire, ses yeux. Tout le monde saura s'il a peur, s'il est impatient, heureux, fier ou tout ça à la fois. Les yeux ne mentent pas.

Dans quelques instants, il va rencontrer ses nouveaux supporters, et eux vont rencontrer leur nouveau buteur star.

Assis sur son petit banc, alors qu'il n'a pas encore lacé ses chaussures, ni remonté ses chaussettes, il repense aux derniers mois. À la folie du mercato[1]. Aux spéculations dans les journaux. À tout le remue-ménage au sein du club et dans la ville. Une période pas facile à vivre mais, il faut se rendre à l'évidence : la passion était trop forte, il n'aurait jamais pu faire autre chose de sa vie. Tout son corps, toute sa tête, étaient habités par le foot. Depuis qu'il est petit, il travaille comme un acharné, et ce, même après le coucher du soleil. Stop, tire, stop, tire, pied droit, pied gauche, feinte, direct, brossé, tourné, on recommence, jamais fatigué.

Ce matin, il a pris l'avion très tôt avec son petit frère. La famille a beaucoup d'importance pour Karim. C'est là qu'il trouve la confiance, la fidélité, et la sécurité. Sans compter qu'il est en train de devenir une superstar, il doit donc s'entourer des meilleures personnes possible. C'est pour cela que son frère ne le quitte pas.

Il y a aussi son agent, Karim Djaziri, son ami depuis de nombreuses années. Là encore, notre grand buteur reste dans son cercle de confiance.

1. Le mercato (qui signifie marché en italien) désigne la période et le marché des transferts de joueurs d'un club professionnel à un autre.

Arrivés à Madrid dans la matinée les trois compères ont très vite pris la mesure de ce qui les attendait. Des grappes de photographes et de supporters massés aux portes de l'aéroport, attendant un sourire, une déclaration ou un autographe. Et, avec un peu de chance, les trois à la fois.

Karim est timide mais sympathique. De plus, il commence à être habitué à ce genre d'accueil.

Son emploi du temps est serré. Il sait qu'il va devoir se présenter devant le médecin du club pour subir toutes sortes de tests avant de pouvoir revêtir le fameux maillot blanc. Il est attendu à la clinique Sanitas La Moraleja, là où tous les joueurs du Real sont examinés et étudiés sous toutes les coutures. Ainsi vont les grands champions.

Évidemment il va devoir faire des analyses de sang. Ouh là là, grosse frayeur à l'horizon, car Karim a une peur bleue des piqûres ! Tant pis, maintenant que la machine est lancée il ne peut plus vraiment reculer. Et puis surtout il va passer des examens bien plus compliqués. Dans cette clinique, on va étudier son rythme cardiaque, ses réflexes mais aussi la « biomécanique de son système locomoteur ». Dit comme ça, on penserait presque à un robot de science-fiction ou à un super-héros ! Finalement cela n'a rien à voir et Karim va simplement marcher sans chaussures sur un tapis roulant pour que tout le monde puisse vérifier que ses pieds fonctionnent à la perfection. Après tout, c'est son outil de travail. Tester les pieds de Karim le footballeur c'est comme tester le bras de Nadal le tennisman. Il faut que ça marche si on veut que ça gagne.

Bref, il n'a pas le temps de s'éterniser à l'aéroport, mais il offre tout de même à ses supporters son sourire et sa gentillesse. Ces derniers le laissent filer comme une étoile. Conquis.

– Ok, Karim, tout va bien. Vous pouvez quitter la clinique et rejoindre l'équipe, vos résultats sont impeccables.

– Cool, merci, docteur.

Tous les voyants sont au vert, le Real est prêt à accueillir son nouvel « assassin des surfaces ».

Et il n'a pas volé son surnom. En effet, à 21 ans, et avec un seul club, l'OL, il est déjà vainqueur de quatre Championnats de France, une Coupe de France et deux Trophées des champions. Ses statistiques impressionnantes au moment d'intégrer le club madrilène ne feront que progresser. Il volera très vite un record aux grands Thierry Henry et Zinédine

Zidane, améliorera ses propres scores et intégrera même le club très fermé des dix meilleurs buteurs mondiaux. Mais nous n'en sommes pas encore là.

La présentation du champion est retransmise dans le monde entier. Pour les supporters madrilènes c'est une fête, tandis que pour les Lyonnais c'est un crève-cœur. En effet, l'OL règne sur le Championnat de France depuis sept ans et Karim a gagné les quatre dernières éditions. À Bron, les habitants sont sens dessus dessous.

– C'est notre petit gars, comment a-t-il pu nous laisser ? Et avant le Mondial en plus ! Ça ne se fait pas ça, Karim, ce n'est pas cool. Qu'est-ce qu'on va faire sans toi, maintenant ?

– Mais arrête, c'est bon, il en rêvait depuis tout petit. C'est le Real quand même, et puis avec ce qu'ils ont payé pour l'avoir il est devenu un « galactique ». Tu te rends compte ? Notre Karim est un « galactique » !

– Oui, comme Zidane, Beckham, Ronaldo ou Kaká.

– Exactement. Et puis comme ça maintenant on peut dire qu'à Bron on fabrique des super-champions, pas que des voyous !

– Ah ah ah !

Les questions et les blagues tournent en boucle dans les rues et aux terrasses des cafés. Ici, tout le monde aime Karim comme un frère.

Lorsqu'il a revêtu le maillot blanc, une foule de supporters est venue manifester devant le siège du club à Lyon. Certains pour montrer leur déception, d'autres pour connaître le successeur de leur buteur favori. Quelle que soit la raison de leur présence, on remarque que le départ de Benzema ne laisse pas indifférents ses supporters. Les gens viennent en famille pour réclamer des explications. Ils se sentent abandonnés, perdus et tristes parce que celui qui les faisait vibrer et rêver est parti.

Mais alors, comment en est-on arrivé là ?...

2

BIENVENUE

Décembre 1987. C'est bientôt Noël. Toute la ville de Lyon scintille. Dans le centre, les boutiques de vêtements, de parfums et de décoration rivalisent d'imagination pour animer leurs vitrines. Les magasins de jouets attirent les enfants comme des aimants.

À peine quelques kilomètres à l'est de toute cette effervescence, il y a la petite ville de Bron. C'est ici qu'habite la famille Benzema, et on peut dire qu'elle est dans les starting-blocks. Malika peut accoucher d'une minute à l'autre. Quel merveilleux cadeau pour cette grande famille qui compte déjà six enfants : Lydia, Farid, Laeticia, Celia, Sofia et Nafsa.

Hafid, le papa, n'en peut plus d'attendre. Il voudrait déjà serrer dans ses bras ce nouveau bébé. Fille ou garçon il n'en sait rien, et d'ailleurs il s'en fiche. Du moment qu'il est en bonne santé, tout va bien.

Les jours passent et, chacun son tour, les enfants s'adressent au gros ventre de Malika :

– Allez, petit bébé, viens, on t'attend, c'est trop bien ici, on va te faire plein de câlins.

Mercredi, jeudi, vendredi. Toujours rien !

Déjà samedi 19. C'est l'heure de déjeuner et chacun sait ce qu'il a à faire. Ça file droit, chez les Benzema. Il faut dire qu'Hafid, le papa, veille au grain. C'est Farid qui sort les assiettes, Celia qui pose les verres et Laeticia qui dispose les serviettes. Les autres sont trop petites pour manier les couverts. Malika est un peu mère poule, elle a toujours peur qu'un de ses petits se blesse.

– Tout est prêt, tu peux te lever, maman.

Hafid tend sa main à Malika et l'attire vers lui. Soudain, elle pousse un cri. Un cri bizarre, qui mêle la douleur à la joie.

– Maman, t'as fait pipi dans le salon !

– Non, ma chérie, c'est le signal. Ça veut dire que le bébé va bientôt arriver.

– Youuuhouuu ! Le bébé, le bébé, le bébé !

Les grands sont fous de joie et dansent dans le salon. En revanche, Nafsa, la plus petite, est un peu déconcertée. Elle n'a encore jamais assisté à ce genre de scène. Elle trouve ça dégoûtant et un peu effrayant. Pourtant, dans son cœur, comme tous ses frère et sœurs, elle est très excitée. Elle se demande quelle tête va avoir ce bébé. Est-ce que ce sera une fille ou un garçon ? Comment il va s'appeler ? Est-ce que sa peau sera douce ? Est-ce qu'il aura des cheveux ? Sur les photos de l'album, elle a plein de cheveux très noirs et très bouclés. Ce serait bien d'avoir un autre bébé bouclé.

Décidément, c'est vraiment chouette toute cette histoire. Dommage que maman fasse tellement de grimaces.

– Hafid, la voiture, vite ! Les enfants, mettez vos manteaux, vous allez chez Lola et Kamel, nous on va à l'hôpital. Vous nous rejoindrez plus tard.

Lola (la voisine) a aussi l'air excité. Elle prend tous les enfants, envoie un baiser à Malika restée assise dans la voiture, et referme la porte en souriant.

– Pars tranquille, Malika. Toi, Hafid, tu m'appelles quand je peux vous amener les enfants.

Le téléphone sonnera à peine trois heures plus tard.

– Allô, Lola, c'est Hafid. On a eu un magnifique petit garçon. Il s'appelle Karim. Ça veut dire « généreux », en arabe. Et tu vois, Lola, il nous donne déjà beaucoup de bonheur. C'est généreux ça, non ?

3

COCO

Chez les Benzema, comme dans toutes les familles nombreuses, il y a beaucoup d'amour, mais aussi beaucoup de disputes. On partage les parents, les jouets et surtout l'espace. Donc il faut prendre l'air, respirer, se dépenser le plus possible pour éviter de se chamailler. En gros, il faut faire du sport.

À Bron, dans le quartier du Terraillon, il vaut mieux être prudent. Fuir la bagarre, les bandes de voyous, les mauvaises fréquentations... Aux infos ils appellent ça un quartier « dangereux ». Karim, lui, appelle ça un quartier « difficile ».

– Les enfants, je ne veux pas vous voir traîner dans les rues. Il y a un stade juste devant la maison. Si vous voulez vous courir après, vous n'avez que deux mètres à faire. Pas plus, c'est compris ?

Et quand Hafid dit quelque chose... généralement on l'écoute. Depuis l'âge de 5 ans, Karim a trois passions : les belles voitures, les motos et le foot.

Évidemment, il y a assez peu de chances pour que Karim puisse conduire une Ferrari ou une Ducati à son âge. Sans compter qu'à Bron, on n'en voit pas passer beaucoup. Alors, il les regarde dans les magazines ou à la télévision.

– Oh, la vache, ça c'est la Testarossa Testa D'Oro. Elle est géniale, y'en a qu'une seule dans le monde entier. Maman, tu te rends compte, une seule !

– Ouh là là, oui, je me rends compte, c'est fou.

– Mais bon, les Ferrari, elles sont toutes géniales. Un jour j'en aurai une. Non j'en aurai plein.

– Bien sûr, dit Malika, amusée. Une pour le lundi, une pour le mardi, une pour le mercredi... En attendant, si tu pouvais faire ton lit, ce serait « génial », comme tu dis. On dirait qu'une voiture de course a tout retourné dans cette chambre !

Comme beaucoup de petits garçons, il aime le bruit du moteur, la vitesse, la carrosserie qui brille. Mais les voitures de luxe, ce n'est pas accessible. Pas encore en tout cas. En revanche, il y a une autre de ses passions qui l'est. Et tout le temps. Cette passion, c'est le foot.

Karim a le ballon dans la peau. Il tire des buts toute la journée. Du lever au coucher du soleil il ne fait que cela, peu importe qu'il y ait des cages ou qu'il n'y en ait pas. L'important c'est de tirer, de récupérer, et de tirer à nouveau. Son père, qui le surnomme affectueusement « Coco », l'appelle d'ailleurs parfois « Coco, le roi du ballon ».

Malika voit bien que cela va plus loin qu'une simple occupation. Elle se dit aussi qu'il faut protéger son petit garçon. Il ne doit pas continuer à tirer des buts sur le terrain vague une fois la nuit tombée.

Alors elle lui achète un ballon en mousse pour qu'il puisse s'entraîner dans le salon. Tant pis pour la déco !

Et effectivement, à la maison il continue de plus belle. Des dribbles un peu maladroits, des tirs entre les meubles, rien ne l'arrête. Pas même les cadres photos, qui tombent les uns après les autres.

Parfois il participe à des mini-matchs entre copains derrière la maison, sur un terrain en terre battue entouré d'arbres. De grands platanes tout moches et déplumés, mais qui sont bien pratiques pour faire les poteaux.

La fenêtre de la cuisine donne directement sur ce rectangle poussiéreux et les parents de Karim peuvent, chacun leur tour, surveiller leur jeune champion.

Maintenant que Karim a 8 ans, il tape de plus en plus fort dans son ballon en mousse. Il est de plus en plus passionné aussi.

– Hafid, il faudrait l'inscrire au Sporting Club de Bron Terraillon (SCBT). J'en ai assez de ramasser les cadres toute la journée. Ça lui ferait du bien, il rencontrerait d'autres garçons de son âge et il ferait des progrès. Il adore le foot. Moi je n'y connais pas grand-chose, mais j'ai l'impression qu'il est doué. Tu ne crois pas ?

– Tu as raison, Malika, il est doué. J'y avais pensé mais on m'a dit que c'était déjà complet. Je vais aller voir le type du club demain. Les « on-dit » ça ne vaut rien. Il vaut mieux demander directement.

4

SCBT + KB = C'EST PARTI, MON COCO !

— Désolé, mon petit, mais on est complets. On a déjà tous nos pilons.

— Nos quoi ?

— Ah, tu ne connais pas l'argot lyonnais, toi ! Ça veut dire les petits, les poussins, quoi. Bref, on n'a plus de place. Il faudra revenir la saison prochaine.

— Ah, tant pis. Merci, m'sieur. Bonne soirée.

Karim fait la tête. Il est bougon, mais tente de garder ça pour lui. Apparemment c'est raté puisque son papa finit par plier les genoux et lui prendre les mains. Il plante son regard dans le sien et lui dit calmement :

– On n'a pas toujours ce qu'on veut dans la vie. Il faut savoir transformer les échecs en victoires.

– D'accord, papa, mais là, ce n'est pas vraiment un échec puisque je n'ai pas perdu. C'est juste qu'il faut attendre six mois. C'est long six mois !

– Je sais, Coco. Je sais...

Dans la famille, personne n'aime le voir dans cet état : grognon, déçu, triste. Et puis Karim a raison, ce n'est pas juste. Il est bon, il a sa place dans le club. Il faut faire quelque chose. Après il travaillera dur, c'est promis.

Hafid mijote un plan de secours...

De retour à la maison, il s'assied sur le canapé et prend le téléphone.

– Allô, Henri, c'est Hafid, comment vas-tu ?

– Pas mal, pas mal, je joue à la pétanque, ça me détend. Et puis tu sais je m'occupe des jeunes du SCBT. Ça aussi, ça me fait du bien. On en a deux ou trois qui ne sont pas trop empotés. C'est chouette de les voir progresser.

– Justement, Henri, c'est pour ça que je t'appelle. J'ai mon jeune Karim à côté de moi qui voudrait s'inscrire au club, mais apparemment il n'y a plus de place.

Tu pourrais faire quelque chose, s'il te plaît ? Il joue toute la journée, et quand la nuit tombe il continue dans la maison. Il va finir par tout casser !

– Ah ah ah ! Un passionné, ton Karim ! C'est bien, il faut ça pour réussir. Viens demain avec lui, on lui fera faire un essai. S'il est vraiment bon, on lui trouvera une petite place. Ciao, Hafid, j'ai un tournoi de pétanque à préparer, je te laisse. Salue ta femme de ma part.

– Je le ferai. Merci, Henri. À demain.

Le lendemain, Karim se présente à nouveau sur la pelouse du SCBT. Dans son pied gauche, il y a la passion du foot, et dans son pied droit, l'envie de prouver à tout le monde qu'il est le meilleur de Bron. En gros, il est survolté.

Une passe, deux passes, un tir cadré et hop, c'est réglé. En quelques minutes, Karim installe une atmosphère complètement nouvelle parmi les membres du SCBT.

Hafid, sur le bord du terrain, sourit discrètement. Il sait que son fiston a fait la moitié du chemin. S'il reste bien concentré et qu'il ne fait pas le fanfaron, il pourra signer les papiers d'inscription.

Frédéric, l'entraîneur, s'approche de ce jeune footballeur qui lui semble bien prometteur :

– Voyons si c'est un coup de chance ou si tu es vraiment aussi fort que tu le dis...

Il envoie le ballon à Karim qui le dévie du plat du pied et l'envoie sans hésiter dans les cages.

Hafid cache ses mains au fond de ses poches. Il ne veut pas que tout le monde remarque ses poings serrés par ce premier succès. Karim non plus ne doit pas les voir. S'il veut être le meilleur il ne doit pas se contenter de cela. Il doit toujours viser la victoire d'après.

Son ami Henri, assis juste à côté de lui, sent bien que quelque chose est en train de se passer. Il ne regrette pas d'avoir donné sa chance au petit Benzema.

Après la séance d'entraînement, lorsque tous les enfants ont retrouvé leurs parents, Frédéric s'avance vers Hafid et Karim :

– Dis donc, mon petit, tu en as de la chance d'avoir un papa comme ça, tu sais ?

– Oui, m'sieur.

Karim aime beaucoup son papa mais ne comprend pas pourquoi l'entraîneur lui parle de ça, au lieu de lui parler de foot.

– Et nous, on en a de la chance aussi. Tu sais pourquoi ?

– Non, m'sieur.

Décidément, ce type a une passion pour les questions bizarres...

– Eh bien nous on a de la chance parce qu'on va t'avoir dans l'équipe ! Tu es doué, mon petit Karim. En revanche il va falloir bosser, parce que des gamins doués il y en a des tonnes. Ce qui fait la différence entre un bon et un super-bon, c'est le travail. Ne l'oublie jamais, mon petit Karim.

Aucune chance que Karim oublie ce précepte. Hafid le lui rappelle en permanence !

– Non, m'sieur.

– Alors, à demain ?

– Oui. Merci, m'sieur.

Tout le monde se serre la main et la famille Benzema quitte le terrain.

Le père et le fils, sourire aux lèvres, se dirigent d'un pas léger vers le 33, rue Youri Gagarine, leur adresse depuis tant d'années.

Ce soir-là Karim se dit que, lui aussi, comme Youri Gagarine le grand cosmonaute, il va pouvoir atteindre les étoiles.

5

KB9

Karim partage sa chambre avec son petit frère Gressy. Tout compte fait c'est assez normal. Il n'y a que dans les châteaux que chacun a sa propre chambre. Ou au centre de formation de Clairefontaine. Voilà, c'est cela, il faudrait arriver jusqu'à Clairefontaine pour être tranquille. En attendant, pour la déco, c'est chacun son mur, et celui de Karim est facilement reconnaissable : des Ferrari, des Porsche, des motos ultra carénées, des autocollants et des posters de Ronaldo, l'attaquant brésilien, du sol au plafond. C'est bien simple, il est super fan. Pour lui, il n'y a pas de meilleur joueur au monde. Il adore son jeu, sa technique, sa souplesse, sa rapidité. Tout. Si quelqu'un lui demande à quel joueur il voudrait ressembler, il ne réfléchit même pas. Il répond immédiatement « Ronaldo », avec des étoiles dans les yeux.

À 8 ans, Karim est un petit garçon un peu rond et pas très grand. Cependant il est rapide. Une qualité essentielle pour être un bon avant-centre. Pour les poignées d'amour, on verra plus tard.

À l'image de son modèle brésilien, il est très intuitif. Dès qu'il voit une occasion de prendre la balle, hop, il la saisit. Et bam, il marque. En tout cas, il essaye.

Comme tous les passionnés, ce qu'il aime avant tout, c'est jouer. Puisqu'il est petit, on le place à l'avant. C'est une des raisons qui ont fait de lui un attaquant hors pair. Dans ces moments-là, il invoque le grand Ronaldo et se sent porté par lui.

– S'il te plaît, Ronaldo, aide-moi à marquer des buts de dingue.

Mais il n'a pas toujours été attaquant et son amour du jeu l'a également conduit plus d'une fois dans les cages. Alors ce n'est plus à Ronaldo qu'il demandait de l'aide, mais à Edwin van der Sar, le gardien star de l'Ajax d'Amsterdam à l'époque.

Malgré toute la ferveur que Coco met à défendre les cages, il semblerait qu'il soit plus buteur que gardien.

Frédéric, l'entraîneur du SCBT, ne s'y trompe pas, et lui propose très vite le numéro 9.

– Papa, papa, j'ai le numéro 9 ! Comme Ronaldo !

– Calme-toi. Ton nom, c'est Benzema, tu joues au SCBT et à ce que je sache tu n'as pas gagné la Coupe du monde.

– Non, c'est vrai, mais...

– Il n'y a pas de « mais ». Va chercher tes affaires. On rentre à la maison. Il faut encore que tu prennes ta douche avant le dîner.

C'est difficile pour Hafid. Il voudrait féliciter son fils et partager sa joie. Mais s'il baisse la garde, c'est fichu. Son plan à lui c'est l'équipe de France. Quand Karim en sera là, il lui dira « bravo », tout haut. En attendant, il le fait, tout bas.

Cela fait maintenant six mois que Karim joue au SCBT. Il a déjà bien progressé et aime particulièrement l'ambiance de groupe. Il a l'esprit d'équipe. Frédéric le lui a fait remarquer et Karim a rougi.

– C'est bien, Karim, tu joues collectif. Tu fais la passe, c'est une bonne attitude, c'est comme ça qu'on fait gagner son équipe. Bravo !

Karim s'entraîne énormément et les compliments de son entraîneur ont beaucoup d'importance. Plus il en reçoit, plus il prend confiance. Et plus il prend confiance, plus il devient bon.

Et ça tombe bien, car sa vie est sur le point de changer.

6

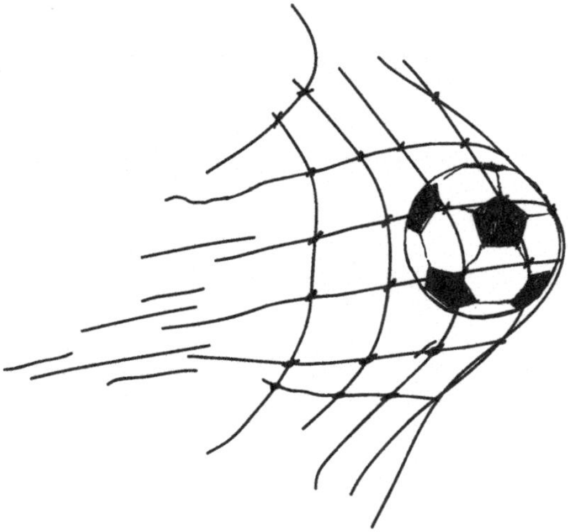

DEUX BUTS QUI VALENT DE L'OR

Tournoi de Saint-Fons. Un tournoi très attendu par les poussins de la région. Frédéric arrive avec une grande nouvelle. Karim a compris avant même qu'il n'ouvre la bouche. C'est toujours comme ça, avec les adultes. Dès qu'ils ont un truc un peu gros à annoncer, ils changent de démarche, ils prennent des poses, ils mettent un temps fou avant de parler.

Et cette fois encore cela n'a pas raté. Il a mis une éternité pour passer du banc aux cages, là où l'équipe a l'habitude de se regrouper avant l'entraînement.

Et, avec son petit sourire en coin, il a dit :

– Les enfants, dimanche prochain, c'est le jour des grands fauves.

– Ça veut dire quoi ? répondent les pilons, les yeux grands ouverts.

– Eh bien il va falloir sortir les griffes.

– Hein ?

– On rencontre l'OL... le lion sur le drapeau ! Oh, vous n'êtes vraiment pas drôles !

– Aaaaahhhh !

La jeune équipe connaît bien l'humour un peu bizarre de Frédéric. Ils rient tous de bon cœur avant de reprendre leur sérieux. La rencontre avec l'OL, finalement, ce n'est pas une blague.

Karim a bien avancé et, pour lui, jouer en équipe ce n'est décidément pas la même chose que jouer à deux ou à trois devant la maison. Son évolution est impressionnante. On peut presque dire qu'il dépasse ses partenaires du Sporting Club. Et surtout, il aime de plus en plus le foot. Il est en excellente forme. Il adore les matchs, la compétition, le défi, la « gagne ». Il aime porter son équipe jusqu'à la victoire. Frédéric a confiance en lui et en son talent. Pour ne pas le déconcentrer il ne lui dit pas que Pierre Ferrari et Fernando Navarro, les entraîneurs des gones[2], assisteront à la rencontre. Mais quelle équipe se présenterait sans entraîneur à une rencontre ? Ça n'a pas de sens, Karim s'en doute forcément. Aucune importance, il a beau être solide, il reste un garçon de 8 ans. Inutile de lui mettre la pression en abordant ce sujet avant le match. Cela ne servirait à rien.

Dehors il fait un temps de rêve et l'ambiance est joyeuse dans les vestiaires.

Les joueurs du SCBT s'avancent confiants sur la pelouse.

Très vite Karim impose son rythme. L'équipe adverse est soufflée. Elle ne s'était pas préparée à une telle opposition venant d'un petit club de banlieue. Prise de court, elle commet faute sur faute alors que Karim vole d'un bout à l'autre du terrain. Il récupère le ballon, sème Paillot, Jacquemod, et Berthod, puis marque dès le début du match en trompant le gardien, qui n'est autre que Rémy Riou ! Bam, voilà le premier boulet de canon qui électrise le numéro 11 de Bron. La mi-temps renvoie les vingt-deux garçons dans leur camp et laisse un sentiment de stupeur dans les

2. Terme lyonnais qui signifie « enfant » et qui désigne aussi les jeunes joueurs de l'OL.

gradins. Personne ne s'attendait à un tel spectacle. Hafid et Frédéric échangent des regards complices, ils se parlent tout bas pour que personne ne puisse les entendre :

– Hé hé, là, Hafid, je crois qu'on tient le bon bout.

– Attendez, Frédéric, il ne faut jamais vendre la peau de l'ours avant de l'avoir tué.

– Si je peux me permettre, mon cher Hafid, là ce n'est pas un ours, c'est un lion, et il est très mal en point !

Les deux hommes essayent de rigoler sans faire de bruit. Cela risquerait de vexer le staff de l'OL et ce n'est vraiment pas le moment.

Les équipes font leur retour sur le terrain.

Le SCBT a la tête haute et le sourire en coin. L'Olympique lyonnais a dans les yeux un mélange d'inquiétude et de détermination. La seconde mi-temps s'annonce explosive.

Malheureusement, les gones ont beau courir comme des lapins, ils s'essoufflent pour rien. La tactique du SCBT est ficelée à la perfection. Karim récupère la balle, centre et tire un deuxième boulet, cadré comme jamais. Le SCBT jubile. L'Olympique est à terre, dépité. La bataille se poursuit pour la forme, mais tous les joueurs connaissent désormais l'issue du match.

Au coup de sifflet final, le tableau affiche un magnifique 2-0. Les poignées de mains sont rapides. Chacun retrouve son banc. Certains en sautant de joie, d'autres en traînant des pieds.

Karim va se changer. Il est acclamé par ses coéquipiers. Cette victoire, ils la lui doivent. De son côté, il profite du moment. Karim est un enfant joyeux, qui aime le foot et les copains. Tout est réuni pour le rendre heureux.

Il sort enfin pour rejoindre son père.

– Bravo, mon Karim, très beau doublé.

– Merci, papa.

Pas d'excitation disproportionnée, il a bien joué, mais il n'a pas encore gagné la Coupe de la Ligue. En voiture, fiston.

Pierre Ferrari et Fernando Navarro sont restés sur le bord du terrain, totalement éberlués. Bien entendu ils ont commenté la défaite avec leurs jeunes joueurs, mais ils ont surtout attendu d'être seuls pour discuter du coup de tonnerre qui vient de les frapper.

– Pierre, est-ce que tu as vu la même chose que moi ?

– Je crois bien que oui. Tu veux parler des ponts ?

– Oui, mais pas seulement. Les feintes, les passes. Il a même touché le ballon avec la tête !

– J'ai vu. Et aucune hésitation devant les cages. Incroyable.

– Il a quoi... 9 ans ? Tu te rends compte, si on le prend au centre...

– J'y ai pensé, tu parles ! Frédéric est là-bas. Je le connais. Viens, on va lui en parler. Ça risque de ne pas trop lui plaire, mais on ne peut pas laisser filer ce gosse. On ne peut pas !

Effectivement, Frédéric apprécie moyennement l'idée de se faire piquer Karim. Avec lui, il tenait enfin un ticket vers la victoire. Une machine à buts comme celle-là il aurait bien voulu la garder, au moins un petit peu plus longtemps ! Cependant, il comprend très vite qu'un avenir éclatant s'ouvre au jeune garçon et donne l'adresse des Benzema aux deux Lyonnais.

Hafid et le petit vainqueur sont arrivés rue Youri Gagarine. À peine franchi le seuil de la porte, c'est l'explosion de joie.

– Youhouhouhou ! Coco, Coco, Coco !

– Oui, oui, bon ça va.

– Allez, vas-y, raconte !

– Je ne sais pas, c'était comme si je voyais les gars d'en face avec un radar. Je savais tout de suite où ils allaient, du coup je pouvais y aller avant eux et faire la passe. Et puis il y a eu les deux fois où j'ai marqué ! J'ai repéré les trous, j'ai ajusté, j'ai tapé, et bam. Dans le filet direct. Je te jure, c'était trop bien. Et eux ils étaient verts ! Ils ne s'y attendaient pas, mais alors pas du tout !

Malika regarde son fils avec un mélange d'admiration et d'amusement. Il a l'air tellement heureux. Cela fait plaisir à voir.

Soudain, on entend la sonnette de la porte d'entrée.

Qui cela peut-il être ? La famille est au complet et personne n'est attendu. Hafid regarde par le judas. Il reconnaît les deux hommes qui attendent derrière la porte. Il les a vus du côté du staff de l'OL. Mais pourquoi sont-ils là ? Le seul moyen de le savoir est de leur ouvrir...

– Bonjour, monsieur. Vous êtes le père de Karim ?

– Oui. Et... vous êtes ?

– Je suis Pierre Ferrari, entraîneur des poussins et des benjamins à l'OL, et voici Fernando Navarro, entraîneur également. Est-ce que vous voulez bien que je parle à votre fils ?

– Entrez, il est juste là.

– Bonjour, Karim. Je m'appelle Pierre et, lui, c'est Fernando. On entraîne les poussins et les benjamins à l'OL. Félicitations, tu as été très bon tout à l'heure. Tu es un excellent buteur, tu sais.

– Merci, m'sieur. J'adore ça. Enfin, je veux dire, j'adore le foot.

– Il faut.

– Oui, m'sieur.

– Est-ce que ça te dirait de venir chez nous, à l'Olympique ?

Hafid et Malika restent légèrement en retrait. C'est la première fois qu'on vient recruter Karim. Ils ne quittent pas des yeux leur jeune footballeur. Comment va-t-il gérer l'émotion suscitée par cette proposition ?

– Oui, m'sieur.

Le sang-froid de Karim est impressionnant.

Pierre se tourne alors vers Hafid.

– Monsieur, il faudrait que Karim vienne à Gerland mercredi prochain pour faire un test. Comme ça on pourrait voir ce que ça donne. Parfois on marque un but incroyable pendant un match, et c'est un coup de chance. Mais votre fils en a marqué deux et il a survolé la rencontre. Nous pensons qu'il a du talent mais il faut tout de même qu'il passe cette étape avant de rejoindre l'Academy. C'est obligatoire. Alors, qu'en dites-vous ? Est-ce que vous êtes d'accord ?

Hafid se tourne vers Malika pour voir un peu ce qu'elle pense de tout cela. Il la voit sourire et elle fait un petit signe de tête qui a l'air de dire « oui ».

— Pour nous, c'est bon.

Pierre se tourne maintenant vers Karim.

— Et toi, Karim, qu'en penses-tu ?

— Oh oui, j'adorerais.

— Alors c'est d'accord. On se revoit mercredi. Rendez-vous sur le terrain numéro 10 du CFA, le Centre de formation des apprentis.

— Merci, à mercredi, m'sieur.

Karim reste calme. On pourrait croire qu'il est détaché, ou même qu'il s'en fiche. Mais bien sûr que non, évidemment qu'il est content. Qui ne le serait pas ? L'Olympique lyonnais c'est le club phare de la région. Quand on habite dans le coin et qu'on aime le foot, on est obligatoirement supporter de l'OL. Ou alors c'est que quelque chose ne tourne pas très rond !

Être sélectionné par l'OL c'est le rêve absolu, c'est le « Big Mac à cinq étages », c'est une année entière sans faire ses devoirs. Bref, c'est mieux que mieux que mieux que bien. Mais, pour être honnête, même si Karim est un peu surpris par cette proposition, il savait qu'il ne resterait pas éternellement au SCBT. Peut-être qu'il serait parti un peu plus tard, mais il serait parti de toute façon. Il veut progresser. Quand il ne progresse plus, qu'il n'y a plus de compétition, il doit partir.

Pierre et Fernando quittent la famille Benzema. Tout se fait très simplement. Quelques sourires, des poignées de mains chaleureuses et la porte se referme.

Trois jours plus tard, comme convenu, c'est sur le terrain numéro 10, que notre futur numéro 9 fait la démonstration de tout son potentiel. Au bout de seulement deux tests, les entraîneurs confirment leur choix. Ils se dirigent vers Hafid qui attend, confiant, sur le bord du terrain.

– Ce gamin va devenir un professionnel de gros calibre !

Les trois hommes rient de bon cœur, sans se douter à quel point l'avenir leur donnera raison.

7

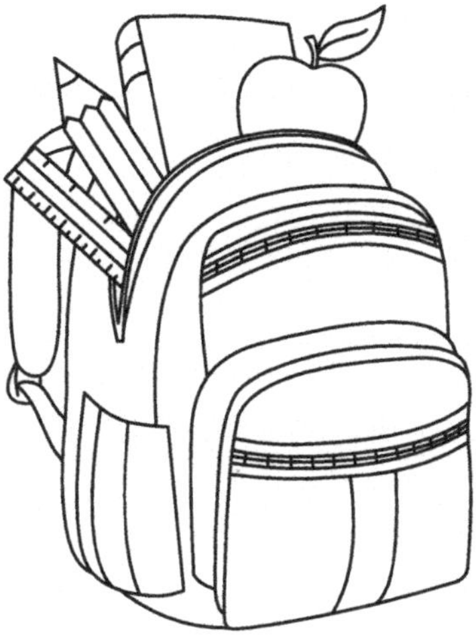

EN FORMATION

Bron et le centre de formation sont séparés de quelques petits kilomètres. À peine le temps d'avaler un goûter et on est arrivé.

Cinq jours par semaine, Karim va à l'école de son quartier, puis saute dans la Renault Super 5 d'Hafid pour rejoindre les vestiaires de l'OL. On ne peut pas vraiment dire que l'école le stimule autant que le ballon, mais, sur la scolarité, Malika ne transige pas :

– Mon chéri, si tu deviens Ronaldo, c'est super. Tu seras heureux, tu joueras au ballon toute la journée dans les meilleurs clubs du monde, tu seras payé une fortune et tu auras même la Ferrari Testa-machin-chouette qui est sur ton mur. Mais, pour l'instant, tu n'es ni brésilien ni footballeur professionnel donc tu fais tes devoirs comme tout le monde. Allez hop, c'est parti.

Patrick Paillot entraîne les U9 et, comme tous ceux qui ont pu observer Karim avant lui, il voit très vite le potentiel de sa nouvelle recrue.

Cependant l'expérience lui a prouvé qu'il ne faut jamais s'emballer.

Entraîneur ou joueur, tout le monde peut tomber de haut. Donc aucun traitement de faveur, aucun geste distinctif, rien qui puisse faire croire à cette graine de vainqueur, que, justement, il est une graine de vainqueur.

D'autant plus que le Karim de 1997 n'est pas encore un bourreau de travail. Il est même un peu nonchalant.

Il faut dire que, jusqu'à présent, il avait été assez peu mis en difficulté et son aisance naturelle suffisait. En habitant à Bron, il a appris instinctivement à être combatif. Dans un quartier comme le Terraillon il faut se battre pour tout. Et en général, quand on part en bataille, c'est en visant la victoire...

Mais aujourd'hui, ça se complique, on n'est pas sur le trottoir ni sur un terrain vague. Il y a des règles, un arbitre, des joueurs aux aguets, et le niveau monte.

Grâce à l'autorité d'Hafid, Karim apprend à écouter. Lorsqu'il se trompe, qu'il ne respecte pas le plan de jeu ou, pire, qu'il commet des fautes, il baisse la tête en souriant et absorbe les réprimandes de Patrick. Au début, cela déstabilise un peu l'entraîneur, qui prend même cette attitude pour de l'impertinence. Et puis, quand, au cours du match suivant, il voit que tous les conseils portent leurs fruits, il comprend que Karim est simplement un gamin spécial et qu'il faut le prendre comme il est.

À présent il faudrait qu'il prenne conscience de deux ou trois petites choses, et le plus vite serait le mieux.

– Bon, on va faire un petit point sur l'équipe. Patrick, tu veux commencer ? dit le directeur du centre.

– Avec plaisir, oui. Dans l'ensemble ça va. Mais j'ai le petit Benzema qui me rend fou.

– Ah, toi aussi ? dit Fernando, qui continue d'observer régulièrement les jeunes du CFA.

– Mais oui ! Il me tue, ce gosse. Il est ultra technique, pour son âge, il claque des buts pas possibles quand il a le ballon et, dès qu'il est loin de la surface, on dirait qu'il a éteint la lumière. Ça m'énerve, mais alors ça m'énerve !

– Il a du talent, on est d'accord ?

– Oui, évidemment qu'on est d'accord.

– Bon, alors vous me le secouez comme un « Orangina ». Vous faites remonter la pulpe au maximum.

Et pour être secoué, il va être secoué…

Pour mettre en place l'opération « Orangina », les entraîneurs se tournent secrètement vers le jeune Thibaut. En effet, lorsque Karim joue contre lui, il ne se ménage pas. Ils vont donc se servir de cette énergie pour en faire naître une autre, plus constante, plus nourrie, plus vaste. La compétition, il n'y a que ça de vrai.

Karim est le seul à venir d'une banlieue sensible. Il est aussi le seul à faire partie d'une famille aussi nombreuse.

Thibaut, qui joue gardien, est fasciné par tout ça. Si le professeur d'EPS ne l'avait pas poussé à essayer le foot, il serait encore assis sur la moquette à faire des puzzles avec sa mère. Ni frère, ni sœur, il s'ennuie comme un rat mort quand il n'est pas à l'entraînement. C'est certainement pour cette raison qu'il est aussi bon quand il est dans les cages. C'est fou toute l'énergie qu'il a à dépenser ! On a l'impression qu'il a des ressorts sous les pieds et des raquettes dans les gants !

Thibaut aimerait bien faire la connaissance de Karim, mais il n'a vraiment aucune idée de la meilleure façon de l'approcher. Il faut dire que ce dernier, même s'il est farceur, n'est pas facile d'accès. Karim est un grand timide. Il parle peu, il est réservé. Un peu comme le reste des membres de sa famille d'ailleurs.

Si leurs origines sont différentes, il y a une chose qui les rapproche : la passion du ballon. Thibaut passera donc par là.

Karim aime la compétition, Thibaut va lui en donner.

À partir de maintenant, il s'arrange pour être face à lui dans les buts. Une atmosphère de défi se met progressivement en place. Les deux garçons tissent des liens sans même s'en apercevoir.

Tout passe par le regard, le corps, le temps.

La stratégie de Patrick c'est de placer Karim sur la marque. Il sait que les deux compères vont alors s'isoler dans une bulle invisible. Il sait aussi qu'un dialogue silencieux va avoir lieu :

– Allez, vas-y, essaye de marquer, je t'attends.

– Je vais te coller une lucarne, tu ne vas jamais t'en remettre ! Inutile de te mettre sur la pointe des pieds, tu perds ton temps.

– Tes petits pas en arrière, je les ai déjà vus. Tu vas tirer dans la lucarne. Allez, décide-toi ! Droite ou gauche... Je n'ai pas peur de toi, Karim. Pas peur du tout.

Cette émulation va faire progresser l'apprenti gardien et, bien sûr, l'aspirant buteur. Le ballon, lancé à pleine vitesse encore et encore, finira également par faire tomber les barrières entre leurs deux mondes. Pourtant, c'est seul avec Hafid que Karim rejoint chaque soir sa maison de Bron.

Comme dit la célèbre formule : ce qui se passe sur le terrain reste sur le terrain, et ce qui se passe à Bron reste à Bron.

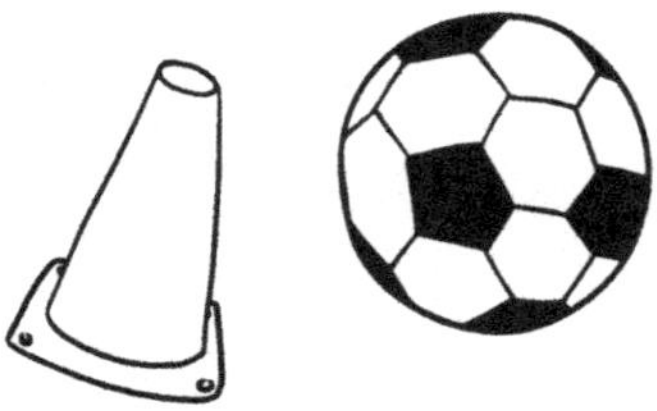

8

PREMIER DERBY

Nous sommes le 21 décembre 2000. Karim a fêté ses 13 ans il y a deux jours avec toute sa famille. Pour l'occasion il a reçu un polo blanc, un jean blanc et des baskets blanches. Un look qui n'a pas manqué de faire rire ses frères et sœurs. Aucune importance pour Karim qui a déjà un goût très sûr.

De son côté, si l'équipe avait voulu lui faire un cadeau, elle n'aurait pas pu trouver mieux que l'événement de ce soir. Toute la région est en ébullition. En effet, un derby est annoncé. Lyon/Saint-Étienne, la rivalité ancestrale, la bataille éternelle, le match de toujours. Quand on est supporter de l'OL, dès qu'il y a un derby, c'est la folie.

Tous les cafés sont pleins à craquer et on entend de loin les chants et les applaudissements. Les Benzema ont décidé de regarder le match chez eux.

– Pousse-toi, Karim, je n'ai pas de place, dit Celia.

– Tu n'as qu'à t'asseoir sur l'accoudoir, répond Karim en riant.

Malika, un grand bol de chips à la main, intervient immédiatement :

– Non, on ne s'assied pas sur les accoudoirs, tu prends un coussin, il y en a plein, tu le mets par terre et tu t'assieds dessus.

– C'est toujours moi qui suis sur le coussin !

– Débrouillez-vous, les enfants. Il y a largement la place pour tout le monde. Mais on ne se dispute pas. De toute façon, celui qui boude va dans sa chambre et rate le derby. À vous de voir...

Bizarrement, à ces mots, les chamailleries cessent illico et tout le monde trouve sa place. Les copains et les voisins sont aussi venus se joindre à la fête, car, oui, le derby est un match mais c'est avant tout une fête.

C'est la vingt-deuxième journée du Championnat de Ligue 1 et l'OL a un petit goût amer en bouche. Il y a moins de trois mois, les Stéphanois ont fini sur un match nul à l'arrachée. Un match nul ce n'est pas une victoire, et si ce n'est pas une victoire, ce n'est pas suffisant. Cette fois-ci, il faut leur mettre la pâtée.

Les équipes entrent sur le terrain. Karim, près de son petit frère Gressy, encourage les joueurs.

Les deux garçons sont un peu timides lorsqu'ils ne connaissent pas les personnes qui les entourent, mais les amis qui sont là sont pratiquement de la famille. Ni une, ni deux, lorsque la musique démarre, ils entament avec ferveur le chant du club :

Allez allez
Allez allez l'OL, allez allez l'OL, allez allez l'OL
Allez l'Olympique lyonnais
Allez allez l'OL, allez allez l'OL, allez allez l'OL
Allez l'Olympique lyonnais

Supporters on le sera jusqu'au bout
Mains en l'air, on est tous derrière vous
L'adversaire, mais dites-nous il est où
En enfer quand il vient jouer chez noooooouuuuuus

Wooooouuuuuu !

Comme par hasard c'est pendant l'hymne des Verts de l'ASSE que les spectateurs du jour décident d'aller se ravitailler. Tout le monde va donc faire un tour en cuisine. Ils réintègrent le salon pile à temps pour le coup d'envoi. On peut dire que la famille Benzema a le sens du timing !

Les capitaines se serrent la main, l'arbitre prend son sifflet et… c'est parti. On dirait que les Lyonnais ont mangé leur lion. Ils se déplacent à la vitesse de l'éclair. Une passe, une feinte, un pont, et bam, à la quatrième minute de jeu, Anderson ouvre le score sous un tonnerre d'applaudissements. Le stade est en feu, le canapé des Benzema est en feu, Lyon est en feu… et Saint-Étienne est en larmes ! Le ton est donné. Grâce à ce but, l'ASSE comprend très vite que l'OL n'est pas là pour faire de la figuration. La caméra filme les déplacements de loin. Cette vision d'ensemble permet aux plus âgés de commenter la tactique. Karim ne dit rien, il écoute et il apprend.

Fin de la première mi-temps : 1-0 pour Lyon.

– Oh, la vache, cette tension, ça me rend fou, dit le copain d'Hafid. Il faut que je me lève, que je marche un peu.

– Ah ah ah, le canapé c'est ton banc de touche on dirait. Tu as du mal à rester assis, il faut que tu te détendes les jambes.

– C'est ça, moque-toi !

– Eh, dites donc, les grands champions du canapé de touche, vous voulez un coca ou un jus de fruits avant de retourner jouer ? demande Malika.

– Si tu nous le sers dans une gourde de l'OL, je veux bien, oui ! dit Kamel, le voisin.

– Tu as déjà l'écharpe autour du cou, ça ne te suffit pas ?

– L'OL on n'en a jamais trop. Jamais !

– Ah ah ah ah !

À peine le temps d'apporter les boissons au salon que la seconde mi-temps commence. En voyant entrer les Stéphanois, chacun saisit immédiatement le changement d'ambiance. Va savoir ce que l'entraîneur des Verts a bien pu leur dire pour qu'ils reviennent avec un tel regard... Quoi qu'il en soit les Lyonnais ne comptent pas s'en tenir là et défendent leurs cages avec férocité. Rien ne passe. Rien, sauf le tir d'Alex Dias, l'attaquant brésilien qui fait la fierté de l'ASSE. Le Brésil, toujours le Brésil... On en est à la soixante-et-onzième minute.

« Rien n'est joué, se dit l'OL. Tant qu'il y a du temps il y a de l'espoir. Allez, les gars, on met le turbo. »

Aussitôt dit, aussitôt fait. Ce score nul ne sera définitivement pas celui de la fin du match. Les deux équipes peuvent prétendre à la victoire et poussent la rivalité du derby à son comble. Il ne reste plus que quelques minutes avant le coup de sifflet. C'est alors qu'une ouverture se dessine en milieu de terrain. Delmotte est à son poste. Il récupère le ballon. La défense est bloquée, aucune passe possible, il n'y a que lui, c'est maintenant ou jamais. Nous sommes à la quatre-vingt-dixième minute, il faut agir, et vite. En une seconde il ajuste sa frappe, enveloppe le ballon et l'envoie sans faiblir juste au-dessus du gardien. Le filet accueille ce but, qui signe la victoire du club rhodanien : 2-1. Magnifique.

Chez les Benzema, c'est l'euphorie. Les chants, les applaudissements et mêmes quelques embrassades.

– On a gagné, on a gagné, on a gagné !

– Salut, les Verts, retour à la maison !

– Popopopopo...

Hafid et ses amis n'en finissent pas de célébrer cette victoire. De son côté, Malika aimerait bien coucher les enfants et fait des petits signes de tête discrets à son mari. Finalement les invités rentrent chez eux.

– On a passé une soirée incroyable, mais là c'est fini, on éteint. Les enfants, vous aidez maman à débarrasser et à tout ranger dans la cuisine.

– Oh, papa on est fatigués, disent Karim et Gressy en chœur.

– Bien sûr, bien sûr. Il y a deux minutes vous sautiez partout et maintenant vous êtes fatigués ? Mais alors dans ce cas vous ne pourrez plus jamais regarder les matchs avec nous. C'est dommage... Surtout que le championnat n'est pas fini.

– Ah non, tiens, ça va mieux, on va débarrasser.

– C'est bizarre, je m'en doutais !

Une fois couché, Karim se demande s'il pourra un jour jouer un derby. Il aimerait bien en tout cas. Une ambiance comme celle-là, c'est unique, se dit-il. Mais ce n'est pas pour tout de suite.

Pour le moment, il profite du centre pour jouer un bon foot et pour faire du sport avec les copains. Évidemment que tout ça le fait rêver. Quel jeune garçon de son âge ne s'imagine pas acclamé par un stade entier ? Quel jeune garçon ne rêverait pas de porter les couleurs de son club lors d'une grande compétition ? Mais, entre le rêve et la réalité, il y a pas mal de marches à gravir et surtout beaucoup de travail à fournir. Et Karim est très loin de s'imaginer combien !

En attendant, tout à la joie de cette victoire au derby, il ferme les yeux et s'endort en souriant. Bonne nuit, Karim...

9

U13

Été 2001. Cela fait maintenant quatre ans que Karim joue pour les gones. Il fait de très beaux matchs et ne cesse de confirmer les espoirs placés en lui. L'opération « Orangina » a fonctionné, mais tout le monde s'accorde à dire qu'il peut faire encore mieux.

Patrick, son entraîneur du début, a passé la main à Abdel Belarbi, un homme à la voix grave que connaît bien Hafid. Cependant, ce lien avec le père de Karim ne se ressent absolument pas sur le terrain et notre future star du ballon a parfois du mal à garder le rythme. Effectivement, en lui laissant les U13, Patrick a également laissé des consignes :

– Le petit Benzema c'est une graine de champion, mais il faut l'arroser sinon il ne va rien se passer. Il a tendance à croire que ça va venir tout seul. Fais-le transpirer. Plus que les autres s'il le faut, mais il doit avoir le déclic. Il y a un truc spécial chez lui, mais pour le moment il ne l'exploite pas. Il faut l'aider à ouvrir la boîte. Il faut qu'il bosse.

– Ne t'inquiète pas, j'ai vu. Il va finir par l'avoir, ce déclic, je vais tout faire pour.

C'est vrai que Karim n'est pas concentré. Mais à Bron l'ambiance est agitée et on ne peut pas vraiment dire que ça l'aide. Il a l'habitude de traîner dans la rue avec ses copains d'enfance, il est distrait, il sort des rails. Un gros gâchis se profile et les parents de Karim décident de tout faire pour l'éviter. Une petite réunion stratégique se met donc en place, pour décider de la suite du programme.

Abdel et Hafid tombent très vite d'accord : il vaudrait mieux que Karim reste dormir au centre de formation. Tout en nourrissant cette idée, ils réalisent que la demande peut très bien être rejetée.

– Tu sais, Hafid, l'idée est bonne mais la direction peut très bien dire non.

– Pourquoi ?

– Parce que l'internat c'est pour les joueurs qui habitent loin et Karim habite à cinq minutes du centre !

– Oui, mais on est d'accord que là il file un mauvais coton. Il n'a pas que des bonnes fréquentations à Bron. Tu as bien vu qu'il est perturbé, pas concentré.

– Je sais tout ça, Hafid. Mais c'est eux qui doivent le comprendre. Pas moi. Ils l'ont vu jouer, tu sais. Ils savent qu'ils tiennent un bon numéro. Ça compte aussi dans leur décision. On va voir ce qu'ils en disent.

Les deux hommes croisent les doigts. Cette solution résoudrait pas mal de problèmes. Il faut absolument que ça marche.

Par chance Hafid connaît pas mal de monde à l'OL. Un petit coup de pouce de la part de son ami Gérard, l'un des entraîneurs du club, et l'affaire est entendue. Celui que plus grand monde n'appelle Coco, intégrera la chambre numéro 11 dès la rentrée.

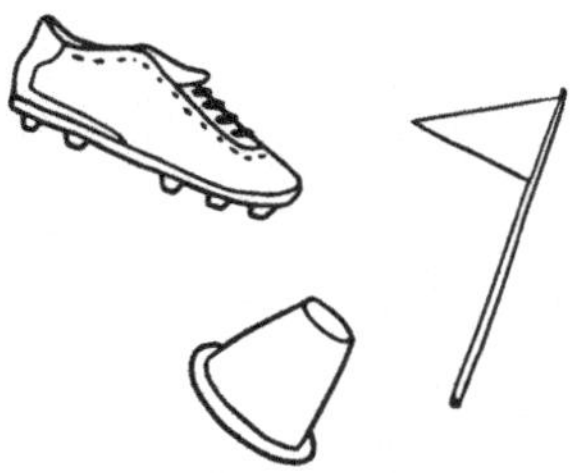

10

TOLA-VOLOGE

Abdel et Hafid le savaient bien : l'adaptation risquait d'être corsée. Cependant après en avoir parlé avec tous les intervenants de l'histoire, et bien évidemment avec Karim, la conclusion la plus logique était celle-ci : il fallait qu'il dorme au CFA. Il devait donc partir habiter à Tola-Vologe.

Au début, quand on lui a dit qu'il allait vivre là-bas cinq jours par semaine, il a ri.

Pourtant c'est un nom qu'il connaît bien. D'abord parce qu'il y a un gymnase qui s'appelle comme ça, à Bron. Et puis surtout parce que ce n'est pas la première fois qu'il va au centre de formation. Il a déjà vu le panneau, il sait bien comment il s'appelle.

Mais si deux endroits différents, dans deux villes différentes, portent le même nom, c'est qu'il doit y avoir une raison valable, se dit le jeune Karim, qui fait fonctionner ses neurones aussi vite qu'il court d'un bout à l'autre du terrain.

Et effectivement, avec un peu d'effort, on arrive bien vite à comprendre pourquoi.

Tout comme Youri Gagarine, Tola Vologe était un homme d'exception. Un sportif évidemment (sinon, il n'aurait pas son nom sur un gymnase), mais surtout un résistant. C'est-à-dire quelqu'un qui refusait d'obéir aux nazis. Il habitait Lyon et a pris des risques énormes pendant la Seconde Guerre mondiale pour cacher des juifs. Malheureusement il s'est fait attraper et a fini par le payer de sa vie.

Maintenant qu'il sait cela, Karim est plutôt fier d'être hébergé par un résistant. Il se dit que c'est bon signe. Tant de courage et de détermination ça ne peut pas faire de mal.

– Hafid, tu as entendu Karim ? Il a encore fait son petit rire.

– Le petit « hihihi » nerveux ?

– Oui.

– Fais comme si de rien n'était, Malika. Il a un peu peur de partir en internat. Si on tombe dans le panneau, on est fichus.

– Je sais. Mais c'est dur de le voir comme ça, Hafid.

– Arrête de faire ta mère poule. Il est costaud, Karim. C'est de très loin la meilleure solution pour tout le monde.

Effectivement, en habitant au CFA il y aura moins de trajets en voiture, moins de fatigue à l'école, moins de temps perdu, et plus d'énergie sur le terrain.

Pour Karim, qui n'a jamais quitté ni la maison, ni son quartier, cette séparation va être un peu dure à vivre. Heureusement que c'est pour le foot...

Bien entendu, il changera aussi d'établissement scolaire et donc de copains de récréation. Les joueurs du centre de formation sont tous scolarisés au collège Saint-Louis-Saint-Bruno. C'est plus simple. Pour les profs, pour les horaires, pour tout.

– Et qu'est-ce qu'il va manger là-bas ?

– Comme les autres, des frites, des pâtes, des légumes, de la viande...

– Pssss...

– Évidemment que ce sera moins bon. C'est toi la meilleure cuisinière !

– Je sais.

– Malika, il a besoin d'aller là-bas et tu le sais aussi bien que moi.

– Oui, mais il va me manquer, et à ses frères et sœurs aussi.

Loin de sa famille, Karim va apprendre à vivre et à interagir selon un nouveau rythme. Il va également faire l'expérience du groupe en dehors du vestiaire. Il faut dire que, jusqu'à présent, l'esprit d'équipe de Karim a eu de nombreuses occasions de s'exprimer mais... seulement sur le terrain ! Désormais c'est avec ses copains d'internat qu'il va partager ses soirées foot.

Après le dîner au réfectoire, tout le monde se retrouve dans la salle commune pour regarder les retransmissions des grandes rencontres nationales ou régionales. Rien à voir avec le grand canapé du salon et ses coussins moelleux.

Une nouvelle vie l'attend.

11

U15

Le temps passe et chaque saison apporte son lot de changements.

Tout d'abord, Karim passe du collège Saint-Louis-Saint-Bruno au lycée Louise Labé. Une formalité pour cet élève qui fréquente l'établissement plus par obligation que par réel intérêt. Il est inscrit en BEP « vente et action commerciale » et tout le monde sait maintenant que cela ne lui servira pas à grand-chose.

Côté ballon, Karim progresse aussi, et cette année il fait la rencontre d'un homme qui va énormément compter dans sa carrière.

Debout sur la pelouse du CFA, entouré de ses coéquipiers, Karim voit arriver Abdel accompagné d'un homme dont le visage lui dit quelque chose. Impossible de mettre un nom dessus et pourtant il est certain de l'avoir déjà vu quelque part.

– Bonjour, les garçons, dit Abdel. Comme vous le savez certainement, je ne m'occupe pas des U15.

Un petit grondement de déception se fait alors entendre.

Cette manifestation unanime fait sourire Abdel, qui enchaîne :

– Merci, c'est gentil, moi aussi je vous aime bien. Aujourd'hui je viens vous présenter votre nouvel entraîneur et, croyez-moi, vous allez rapidement vous réjouir de son arrivée. Les garçons, voici Armand Garrido.

Tout à coup, Karim se souvient pourquoi le visage lui était familier. Le portrait d'Armand est affiché sur les murs du club. C'est la star des entraîneurs dans la catégorie U15-U18. Tout le monde le connaît dans le métier. Il a formé des générations de champions, et Karim le sait.

Les entraînements prennent très vite une nouvelle tournure et tous les jeunes footballeurs se démènent pour impressionner leur coach. Karim, de son côté, ne change pas sa vitesse de croisière. Il continue d'être un tueur quand il a le ballon, et un observateur quand il ne l'a pas. Cela rend fou Armand, qui ne cesse de chercher la solution à ce casse-tête. Comment faire pour qu'il soit à fond tout le temps ? Il doit bien y avoir un moyen. Un garçon comme ça ne peut pas jouer à moitié, c'est impossible, totalement impossible. Abdel lui en avait parlé en fin de saison U14 :

– Il y a un grain de sable qui grippe la machine. Je n'ai pas réussi à le trouver, mais je te fais confiance, tu vas y arriver.

– Est-ce qu'il a pris la mesure du travail à accomplir ?

– Je ne sais pas. Il a besoin d'être régulier dans ses performances. Il doit apprendre à être bon tout le temps. Pas seulement quand il a le ballon au bout des crampons. Quand il aura compris ça, on aura fait les trois quarts du chemin.

Karim est plus jeune et plus petit que certains de ses coéquipiers. Est-ce que c'est grâce à cela que le staff est indulgent avec lui ? Difficile à dire.

Dans les vestiaires, il n'est ni meneur ni suiveur. En revanche c'est un sacré blagueur, ce qui le rend automatiquement sympathique.

Parmi les U15, cette année-là, il y a un autre joueur qui donne le sourire à Armand. Et ce joueur est déjà un numéro qui compte sur la planète foot. Il s'agit de l'excellent Hatem Ben Arfa, tout juste débarqué du centre technique national de Clairefontaine. Karim voit tout de suite qu'avec Hatem, le jeu prend une nouvelle dimension. À cette époque, aucune rivalité. Bien au contraire. Ça tricote dans tous les sens. Hatem et Karim font leur show, se défient l'un l'autre, et Armand est souvent obligé de les rappeler à l'ordre.

– Hé, ho, les garçons, c'est très beau tout ça, mais le foot ça se joue à onze, pas à deux !

Grâce à ces nombreux moments de sport et de compétition, Karim s'habitue de mieux en mieux à l'internat. De plus, il cumule les activités. À sa scolarité s'ajoutent les sept entraînements de la semaine, les doubles séances du mardi et du mercredi et évidemment les matchs, tournois, préparations tactiques et pédagogiques.

Malgré ce rythme d'enfer, il ne se plaint jamais. Le foot c'est sa passion. Plus on lui en donne, plus il est content. Il avoue que c'est dur, mais il sait aussi que l'OL n'est pas un grand club par hasard. On n'a rien sans rien !

Le soir, il téléphone à son père pour raconter sa journée :

– Bonsoir, Coco, alors comment ça s'est passé aujourd'hui ?

– Bien. Fatigant, mais bien.

– Il est content de toi, Armand ? Qu'est-ce qu'il dit ?

– Oui, il est content dans l'ensemble, mais il veut que je travaille encore plus. Il dit que, si je m'en tiens là, je vais finir par faire rouler des ballons en D2 ou, au mieux, que je ferai une petite carrière en D1. Les belles carrières ne tombent pas du ciel. Elles se méritent.

– C'est un peu dur, mais il n'a pas tort. Et puis il sait ce qu'il fait, il a de l'expérience.

– La D2 quand même c'est vache.

– Ah ah ! Fais ce qu'il te dit. Il sait faire la différence entre un bon et un très bon.

Pour éviter que Karim ne se languisse trop de Bron, Armand le pousse au maximum sur le terrain. Il ne lui laisse aucun répit. Les exercices s'enchaînent à une cadence folle. Des passes, des dribbles, des feintes, des tirs, des départs arrêtés, des courses, des épreuves d'endurance, tout ce qui peut être fait, est fait et refait.

Il pense que si Karim occupe son corps, alors son esprit se tiendra tranquille. Et ça marche.

Non seulement Karim progresse mais il exploite de nouvelles capacités. Il développe également ses muscles, ce qui tombe très bien puisqu'il approche de l'adolescence. Le petit garçon qui est arrivé ici un peu rondouillard, ne va pas tarder à se transformer.

12

LA FUSÉE

Un matin, personne ne sait pourquoi ni comment, Karim a eu le déclic. Pourtant la journée commençait exactement comme toutes les autres journées de la semaine. Réveil à 7 heures, petit déjeuner au réfectoire. Trois tartines beurrées ensevelies sous une tonne de confiture de fraises, un grand chocolat au lait froid et un kiwi. Karim adore le petit déjeuner. C'est un éternel gourmand, qui n'a jamais pu démarrer le ventre vide.

Un petit tour rapide au lycée puis, enfin, les vestiaires du centre. En chaussant ses crampons il se sent déjà différent. Comme si son sang était plus chaud, comme s'il circulait plus vite. Ses pieds bougent presque tout seuls, on dirait qu'ils courent jusqu'au terrain, emportant Karim avec eux.

Cet après-midi s'annonce explosif et Armand risque de s'en souvenir longtemps.

– Ok, les gars, on va commencer par un petit échauffement. Quelques tours de terrain et on se rejoint au milieu pour le briefing. C'est parti !

Karim, qui reste habituellement en queue de peloton et tourne à vitesse constante, avale aujourd'hui les tours avec une rapidité déconcertante. Armand fait semblant de ne rien voir mais ne peut s'empêcher de remarquer le changement.

– Hatem, tu vas de ce côté, Karim, tu vas en face. On démarre avec une période de vingt minutes. C'est bon, tout le monde est en place ? Vous êtes tous prêts ? Go !

Tout à coup c'est un nouveau Karim qui surgit. Le joueur que tous les entraîneurs attendaient depuis son entrée à l'OL fait enfin son apparition. Il court sur tous les ballons. Il est partout, rien ne lui échappe. Le demi-Karim a disparu. Il y a désormais sur le terrain un garçon qui vit le jeu à fond et qui va même jusqu'à le maîtriser. Il fait la passe, il marque, il s'impose. Il est enfin le Karim que l'OL espérait et en qui tout le monde croyait.

Armand est soufflé et aussi très soulagé. Il va enfin pouvoir le faire travailler à la mesure de son talent. C'est comme si le gamin avait tout d'un coup une sorte d'instinct du foot. Incroyable.

Après l'entraînement, Armand se rend dans le bureau du directeur du centre.

– Bonjour, je te dérange ?

– Non, entre, qu'est-ce que je peux faire pour toi ?

– Rien. C'est moi qui viens faire quelque chose pour toi.

– Ah, super ! Quoi ?

– Je viens t'annoncer que Karim a enfin eu le déclic ! Ce n'est pas un attaquant que j'avais sur le terrain aujourd'hui, c'était une étoile filante. Il ne lâchait pas la balle, il était partout. Mais quand je te dis partout, c'est partout. Un truc de dingue !

– Alléluia !

– Comme tu dis, oui. S'il ne fait pas machine arrière, je peux te dire que les autres clubs vont commencer à trembler...

– Alors là, Armand, merci. Merci beaucoup d'être passé me voir ! Tu me fais bien plaisir.

– Je savais que tu apprécierais !

Dès lors, tout va à la vitesse de l'éclair et la situation change radicalement. Les entraînements, les matchs, les préparations...

L'exigence d'Armand passe naturellement dans la catégorie « il a tout d'un joueur pro ». Mais le changement plus évident, et de loin, c'est le corps de Karim. À force de faire travailler ses muscles, il grandit de douze centimètres en un an.

– Ma petite maman chérie !

– Mais, Karim, tu me dépasses, ce n'est pas possible !

Et Karim colle un gros baiser sur le front de sa maman qui le serre fort dans ses bras.

– Maman, mes crampons sont trop petits...

– Arrête de me raconter des histoires ! Déjà ! Mais tu n'as même plus le temps de les user. Ils grandissent plus vite que toi tes pieds ou quoi ? D'ailleurs tu n'as plus des pieds, tu as des péniches, ma parole !

Tout comme la chenille se change en papillon, Karim, le gamin tranquille et un peu rond, se change en un grand et beau garçon, acharné de travail.

Son corps, ses jambes, ses pieds, ce sont ses outils sur le terrain. Il faut qu'il apprenne à les faire bouger le plus vite possible et avec un maximum d'agilité.

Bizarrement, même avec tous ces changements, il s'adapte avec une aisance incroyable.

Armand parle beaucoup avec son poulain. Cette communication, ce lien de confiance est une des raisons de leur succès. Depuis que le jeune homme a mis le turbo, une nouvelle ambiance règne au sein de leur duo.

Armand ne pose jamais les questions de façon directe. Il pousse son attaquant à s'interroger tout seul. C'est beaucoup plus efficace.

C'est ainsi qu'un matin, Karim s'est demandé s'il avait envie d'un contrat pro. Il a fait le point sur ses progrès, sur ses performances, sur ce qu'il pouvait encore faire. La conclusion s'est très vite imposée. Oui, lui, le gamin de Bron, pouvait très certainement prétendre à une carrière de footballeur. Et vu la masse de travail qu'il était capable d'abattre, il pouvait même prétendre à une très belle carrière.

Devant le miroir de sa salle de bains, il se parle à lui-même :

– Tu peux le faire, tu peux le faire, tu peux le faire. Si tu veux passer pro tu as juste à mettre un deuxième petit coup de booster. Tu veux quoi, Coco ? Hein, tu veux quoi ? En vrai, tu veux être pro. Tu es à ça d'y arriver. Pense à Ronaldo...

Et voilà. Clac, le deuxième déclic. Karim venait de décider qu'il allait devenir footballeur professionnel. En prenant cette décision il donnait le top départ de la machine à buts.

Sa saison avec les moins de 16 ans est une véritable démonstration : trente-neuf buts, soit pratiquement un par match ! Une rareté, d'autant plus que Karim ne joue pas en solo. C'est-à-dire qu'il est toujours aussi investi pour l'équipe. Son sens du collectif impressionne le staff de l'OL, mais pas seulement.

Il n'est pas rare que les entraîneurs adverses cherchent à savoir qui il est.

Décembre 2003. Sochaux accueille le match retour d'une rencontre qui a laissé l'OL au tapis. Quatre buts à l'aller, il faut avouer que c'est un peu raide. Karim est surexcité. Il a décidé de venger l'honneur de l'équipe.

– Alors là, Armand, je vais vous dire, les gars de Sochaux on va les enrhumer tellement on va aller vite devant leur nez. Ils ne vont rien comprendre !

– Ok, Karim, calme-toi. C'est très bien de vouloir gagner, c'est ce qu'il faut d'ailleurs, mais il ne faut pas confondre vitesse et précipitation.

– Ok, coach. N'empêche qu'on va les écraser. On va leur coller des buts comme jamais.

Et c'est exactement ce qu'il va faire… à quatre reprises ! Oui, Karim va marquer à lui tout seul les quatre buts de la rencontre. Un festival. Qu'il fige le gardien du regard, qu'il marque sur coup franc, qu'il prenne tout le monde de vitesse ou qu'il tire de vingt-cinq mètres dans la lucarne, rien ne lui résiste. Il est comme un extraterrestre du foot. Totalement dingue.

Au coup de sifflet final le 11 lyonnais jubile. Pour un aller-retour, on peut dire que c'est un aller-retour qui a de la classe. Assommés, les Jaune et Bleu, bang-bang, K.-O. !

Dans les tribunes, Guy Lacombe et Alain Blanchon, les entraîneurs sochaliens, s'approchent prudemment d'Armand. Ce dernier sait exactement ce qui se prépare et sourit d'avance.

– Bravo, Armand, pour le match. Beau travail, beau plan de jeu.

– Merci. Vos gars sont bons aussi. Vous nous avez bien fait courir au match aller.

– C'est gentil. Dis-moi, Armand, ton numéro 10… Benzema, c'est ça ?

– Oui.

– Ton numéro 10, il est incroyable.

– Merci.

– Il est en contrat chez vous ?

– Pourquoi ?

– Parce qu'on aimerait bien lui parler.

– Ah, eh bien il va falloir prendre un ticket et attendre votre tour. Vous n'êtes pas les premiers à demander, figurez-vous.

– Ok, mais il a un contrat ou pas ?

– Il faut voir.

– Qu'est-ce qu'il faut voir ? Lui ou le contrat chez vous ?

– Je dois aller voir mes joueurs. On s'en reparle au prochain 0-4 ! Bonne fin de journée, messieurs.

Et Armand se retire avec l'air satisfait. Il connaît son protégé. Il sait bien que les années de formation chez les gones et la franchise qui les unit sont des valeurs qui l'attachent à l'OL. Il sait aussi que rien n'est jamais acquis. Une proposition incroyable venue d'un autre club pourrait bien faire pencher la balance, mais il a confiance. L'OL représente beaucoup pour Karim et d'ailleurs ce dernier va tenir bon face aux très nombreux appels de Sochaux.

Patience, patience, si tout continue à bien se passer, tu auras ton contrat et tu feras partie de l'équipe première très bientôt.

13

PREMIÈRE FOIS EN BLEU

Avril 2004. À peine quelques mois se sont écoulés depuis le match délirant vécu à Sochaux. Karim continue de prendre conscience de son potentiel et enchaîne les coups d'éclat. De son côté, Armand assiste, ébahi, à la transformation de son poulain. Alors que tous les entraîneurs se plaignaient de sa paresse, voilà qu'il se change peu à peu en un bourreau de travail. Et ça paye. Évidemment, plus ça paye, plus Karim le voit, et plus il le voit, plus il travaille ! C'est ce qui s'appelle un cercle vertueux.

Aujourd'hui, Armand a réuni l'équipe dans le vestiaire :

– Les garçons, le tournoi de Montaigu approche. Je n'ai pas besoin de vous rappeler les enjeux pour l'OL. Et puis, individuellement, puisque vous avez aussi le droit d'y penser, c'est là-bas que les recruteurs viennent repérer les stars de demain. Vous avez tous moins de 17 ans, c'est maintenant que ça se joue. Didier Deschamps, Thierry Henry, Marcel Desailly ont fait le tournoi et on sait ce qu'ils sont devenus…

Karim écoute Armand avec attention. Même s'il joue avant tout pour l'équipe, il n'a pas l'intention de laisser passer sa chance.

Le tournoi commence et il aborde chaque match avec un sang-froid extraordinaire. Les quarts de finale opposent l'OL au Stade rennais, qui se démène en vain. Résultat : 1-0. Les U17 d'Armand se qualifient donc pour les demi-finales, sur un score qui les satisfait moyennement mais qui leur permet tout de même d'affronter l'OM.

– Ok, les gars, les prochains ce sont les Marseillais. Vous avez regardé leurs matchs et ils ont fait la même chose. Je pense qu'ils ont un peu peur mais ça n'empêche qu'il va falloir cavaler. Vous êtes prêts ?

– Super prêts !

Le jour du match, l'équipe du Sud arrive sur le terrain avec détermination. Ils savent qu'ils vont affronter un adversaire un peu particulier. L'équipe d'Armand Garrido est gonflée à bloc. Le plan de jeu est ultra bordé, chacun connaît son rôle à la perfection. Karim, fidèle à lui-même, joue collectif. L'équipe méditerranéenne n'encaisse qu'un seul but mais l'OL, dont la défense et le goal sont imparables, ne laisse rien passer. Résultat : 1-0 et l'OL accède à la finale face à Nantes.

Cette fois, Armand prend Karim à part :

– Karim, jusqu'ici tu as bien joué, mais là c'est la finale. Je veux que tu sois au maximum. Les Nantais ne doivent même pas voir la balle, ok ? Tu fais la passe, tu récupères, tu tires. Tu joues technique, fluide, comme à l'entraînement. Tu joues vite. Ils ne doivent pas avoir le temps de réagir, ok ?

– Ok, coach. Je m'en charge.

Comme convenu, Karim fait le coup de la fusée. Il démarre à toute allure et les joueurs nantais vont devenir spectateurs de leur propre match. Toutes ses actions vont porter leurs fruits, toutes ses passes vont arriver à bon port. Il va survoler la rencontre et permettre à son équipe d'afficher un magnifique 4-0. Victoire écrasante de l'OL. Euphorie collective et triomphe du numéro 10, le jeune Karim Benzema, vers qui tous les regards se tournent.

Et il y a un regard en particulier qui intéresse Armand. C'est celui de René Girard, le sélectionneur de l'équipe de France. En effet, puisque le tournoi voit passer tous les espoirs du foot national et international, il est tout à fait logique que le staff des Bleus se déplace le jour de la finale.

René va donc s'asseoir près d'Armand pour lui poser quelques questions :

– Salut, Armand, félicitations, très beau match, très belle victoire.

– Merci, René, oui on est contents. Ça fait du bien à l'équipe. Ils bossent beaucoup. Ce sont des bons garçons.

– Dis-moi, Armand, c'est qui ton numéro 10 ? Il est incroyable !

– Ah ah ah, je sais ! À chaque fin de rencontre j'ai un entraîneur qui vient s'asseoir à côté de moi et qui me dit la même chose. Quasiment mot pour mot.

– Ça ne m'étonne pas... mais ça ne me renseigne pas beaucoup ! Alors, dis-moi, comment s'appelle-t-il ?

– Karim Benzema.

– Jamais entendu ce nom-là. Comment ça se fait que vous ne l'ayez pas signalé à la Fédération ? Avec ses qualités, tu te rends bien compte qu'il pourrait intégrer les Bleuets.

– Mais bien sûr qu'on l'a signalé, qu'est-ce que tu crois ? D'ailleurs on a trouvé un peu bizarre de ne pas avoir de nouvelles. Mais bon, nous, tu sais, on s'occupe des joueurs, de l'entraînement, pas des histoires de téléphone. Et comme tu le vois, ça paye ! Un gamin comme ça, tu ne peux pas le lâcher. Ça fait des années qu'on lui court après. Là il vient de débloquer un truc, il a gagné en confiance. Il enchaîne les buts, il fait des actions hyper techniques. En décembre dernier, si tu avais vu le match contre Sochaux... Mais il y en a eu tellement. Et ce n'est que le début.

– Ça va, ça va, j'ai compris... Si tu es d'accord, j'en parle avec Philippe Bergerôo. On est en train de constituer l'équipe pour le Championnat d'Europe des moins de 17 ans. On verra ce qu'il en dit, mais, si c'est ok, on le fait venir à Clairefontaine.

Cette discussion d'après-match pouvait ressembler de loin à toutes celles qu'Armand avait eues avec les entraîneurs des équipes vaincues. Mais le Philippe Bergerôo en question avait été l'assistant d'Aimé Jacquet (l'entraîneur de l'équipe de France 1998). C'est cette équipe qui avait gagné la première étoile du maillot. Le légendaire Zidane était passé par lui et aujourd'hui il allait juger Karim. Quelle progression !

Karim arrive donc à Clairefontaine et y retrouve un visage familier : Hatem Ben Arfa. Celui-ci fait partie de l'attaque et, à ses côtés, il y a d'autres jeunes talents, comme Samir Nasri ou Jérémy Ménez.

Comme à son habitude, Karim reste à la fois discret et blagueur. Il parle peu mais n'est pas avare de plaisanteries. Ses coéquipiers l'apprécient beaucoup. Hatem, qui l'a déjà côtoyé à l'OL, a remarqué que son attitude a changé. Il est plus constant, plus volontaire et plus acharné au travail. Cela l'impressionne et il se réjouit de l'avoir dans son équipe.

Le tournoi commence et la France affronte l'Irlande à Blois. Une formalité pour les Français qui emballent ça 3-0. Le premier but est inscrit par Karim.

– Bravo, Karim, lui dit Philippe à la mi-temps, le premier but est l'un des plus importants. C'est celui qui lance la machine. C'est aussi celui qui peut plomber l'adversaire. Continue comme ça.

– Merci, monsieur, répond Karim en souriant, car, comme d'habitude, les félicitations de l'entraîneur ont une grande importance pour lui.

Cette ouverture de score conforte Philippe Bergerôo dans sa décision. Effectivement c'était une très bonne idée de l'intégrer au groupe. Le deuxième but est marqué par Ben Arfa et le troisième par Songo'o.

Puis la France, en battant successivement l'Espagne (1-0) et la Turquie (2-1), finira invaincue dans sa poule. À Clairefontaine, c'est le soulagement, mais tant que la Coupe n'est pas gagnée, on ne se relâche pas.

Le 12 mai aura lieu la demi-finale. Ce sera également à Blois, dans le stade où Karim a ouvert le score avec tant d'aplomb. Il faut voir cela comme un bon présage, se dit-il.

L'équipe adverse est celle du Portugal. Un pays qui adore le foot. Cela se ressent d'ailleurs sur leur palmarès puisqu'ils sont les tenants du titre. Il faudra donc être sacrément réactifs.

Dans les vestiaires, la tension est telle qu'on se croirait en finale.

L'attaque des Bleuets est surchauffée. Samir Nasri est impressionnant de concentration. Il boit les paroles du coach et semble ne rien entendre de ce qui se passe autour de lui. Comme si une bulle protégeait sa préparation mentale. Incroyable. Karim, de son côté, s'imprègne de l'énergie collective. Il se nourrit de cette envie de victoire qui émane de ses coéquipiers. Cela le pousse à se donner au maximum. Il n'est pas titulaire, cette fois-ci, mais, s'il est appelé, il faut qu'il soit prêt. Même une minute avant la fin. Chaque seconde compte et il veut faire la différence. Il sait qu'il a tout ce qu'il faut en lui pour creuser l'écart. Il sait aussi que Philippe Bergerôo l'a remarqué...

Ça y est, on frappe à la porte, c'est le signal. Il faut y aller, c'est l'heure de tout donner. Tout donner pour aller en finale. Cette fois-ci les Bleuets jouent en blanc. Sous le soleil du mois de mai, leur équipe est lumineuse.

De leur côté les Rouge et Vert ont également profité du temps de vestiaire pour peaufiner leur stratégie et échauffer leur esprit d'équipe. Ils arrivent sur le terrain avec une cohésion exceptionnelle. Leurs actions passent comme dans du beurre.

– Allez les Bleeeeus (même s'ils sont blancs) !

– Vivaaaa Portugal !

Le public réuni dans les gradins acclame toutes les tentatives. Il règne dans ce stade une ambiance sportive au bon sens du terme. Les U17 présents sur le terrain ont quasiment tous des contrats pros en poche et pourtant, dans cette catégorie c'est encore l'amour du sport qui est le maître du jeu. Même si les supporters sont là pour encourager leur équipe, ils sont avant tout des amoureux du foot et quand une belle action se présente, elle s'applaudit de façon unanime. Bon d'accord, on entend des « ooohhh » et des « aaahhh », des « ggrrrmmmfff » et des « bravoooo » mais globalement, l'ambiance est bonne !

À la vingt-sixième minute, c'est Bruno Moreira, l'attaquant de la formation portugaise, qui réussit une percée victorieuse et ouvre le score. Une marée de drapeaux rouge et vert se lève instantanément. Les gens s'embrassent et tapent des mains. Le tenant du titre est là et bien là. Il n'a pas l'intention de céder sa place. Les supporters sont rassurés et les chants redoublent de ferveur.

La première période se dispute avec férocité mais plus rien n'avance. Les Bleuets retournent aux vestiaires, essoufflés.

– Ok, les gars. C'est pas mal, c'est pas mal. Mais pour l'instant on est éliminés et on n'est pas venus pour ça. Samir, je t'ai vu tenter des trucs, mais il faut que tu ailles au bout. On est à ça de les battre. Il suffit d'un but pour entamer leur confiance et après « bam, bam, bam » on les mitraille. Là ils se comportent en vainqueurs, en tenants du titre et on les laisse faire. Ça ne va pas. On doit jouer d'égal à égal.

Les remplaçants, Karim en particulier, vous vous tenez prêts à entrer. On y retourne, on leur colle un but et après on enchaîne. Allez les gars, c'est parti.

Et effectivement, à la cinquante-deuxième minute, c'est ce qu'il se passe.

Sur le banc de touche, Karim ne peut s'empêcher de commenter le match :

– Vas-y, Samir, passe, passe, y'a un trou, vas-y, oui, oui, tire et... buuuuut ! Oh, la vache, Samir, c'est de la dentelle, tu es le meilleur, mon gars.

La joie de cette égalisation se diffuse bien sûr dans les rangs des supporters mais surtout au sein de l'équipe. Tout le monde sans exception vit ce but comme si c'était le sien. Karim, qui est déjà un excellent buteur, se réjouit de la marque de Nasri. Cette égalisation profite à toute l'équipe et il n'y a que cela qui compte. Celui qui semble l'avoir bien compris aussi c'est Jérémy Ménez. En effet, galvanisé par l'exploit de son ami, il enchaîne sur un 2-1 à la cinquante-sixième minute, soit seulement quatre petites minutes plus tard ! À peine le temps de se rasseoir, se dit Karim, qui est repassé en mode « commentateur sportif » :

– Jérémyyyyyy la folie, mais c'est géniiiial ! Il me rend fou, ce mec. Aaaahhhh ! Ce but, mais, Jérémy, ce but ! Oh là là là, les Portugais doivent être tellement dégoûtés, la vérité.... Ce n'est pas bien de se moquer. Mais, la vache, il est vraiment trop bon ce but, mon Jérémy !

L'équipe portugaise est dépitée. Mais elle se bat. Un but d'écart n'a jamais signé une défaite. Il reste un peu plus de trente minutes, tout est encore possible. Le match devient fou, le staff et les supporters aussi. Cependant, le suspense ne dure pas très longtemps puisque Hatem Ben Arfa, à la soixante-troisième minute, signe la victoire française. Karim ne tient plus :

– Hatem, tu veux ma mort ou quoi ? C'est quoi ce but de malade ? Popopopopo... La beauté du truc, je ne voudrais tellement pas être dans l'autre équipe...

En tout, les Bleuets auront marqué trois buts en onze minutes ! Une véritable féerie pour qui aura fait le déplacement jusqu'à Blois.

Cette fois, Karim n'entrera pas sur le terrain. Plus précisément, il n'entrera pas... pendant le jeu.

En effet, dès qu'il entend le coup de sifflet final, il saute comme un diable de sa boîte et se jette sur le numéro 11, Hatem, victorieux.

Il jubile. Dans deux jours, il disputera la finale du Championnat d'Europe. Oui, le Championnat d'Europe. Il a encore du mal à y croire.

– Le Championnat d'Europe, Hatem ! On va en finale du Championnat d'Europe !

– Oui, je sais, c'est génial. Moi aussi je suis trop content !

– Oh, la vache, je n'en reviens pas !

Pourtant les heures d'entraînement auraient dû l'y préparer. Il a tellement couru à Clairefontaine, tellement fait de pompes, de longueurs de piscine et j'en passe, qu'il aurait eu le temps d'y penser. Oui, mais entre le rêve et la réalité il y a un long chemin. Et ce chemin, il l'a parcouru. Il a même ouvert la voie en marquant le premier but contre l'Irlande. Quel souvenir !

On connaît désormais le deuxième finaliste. C'est l'Espagne. Une sacrée équipe, elle aussi. L'Espagne, pays du Real, se dit secrètement Karim. En effet, tout ce qui touche à Ronaldo a une saveur particulière pour lui et... Ronaldo est au Real.

Philippe Bergerôo les ramène à la réalité. Une réunion commence dans cinq minutes. On va regarder les matchs espagnols pour étudier leur attaque et leur défense. Il est évident que, de leur côté, ils font la même chose. Être celui qui fait peur, être l'homme à battre, c'est ce qui motive Karim. Tout le monde sait qu'il en est capable. Reste à poser les pieds sur la pelouse.

Le grand jour est arrivé et Karim n'est toujours pas titulaire.

Il accepte la décision de l'entraîneur, de toute façon il n'a pas le choix. Mais il baisse la tête et il grommelle :

– J'en ai marre d'être sur le banc, j'ai envie de jouer. Moi j'aime gagner, faire gagner l'équipe. C'est quand même bizarre qu'il ne le voie pas. Et puis, là, si je ne vais pas sur le terrain ce sont mes pieds qui vont y aller tout seuls. J'ai envie de courir, mais alors j'ai envie de courir... Il faut que je me calme. Que je ne lâche ni le travail ni la pression. Ça va venir. Ok, je fais partie de l'équipe et c'est génial, mais franchement j'en ai un peu marre d'attendre quand même.

Comme si le jeune homme avait pensé à haute voix, Philippe Bergerôo se tourne vers lui et lui sourit. Oui, cette finale il en fait partie, il l'a construite avec tous les autres et si les Bleuets gagnent la Coupe, Karim aussi gagne la Coupe. C'est tout cela que Philippe met dans son sourire.

Les hymnes sont passés. Pendant ce moment solennel les joueurs se motivent secrètement. Ils pensent à l'équipe, et aux supporters qui chantent fort pour eux, pour les porter vers la victoire. L'Espagne a un hymne sans parole. De ce fait, les Espagnols fredonnent.

Ça fait un peu bizarre quand ils sont des milliers à le faire en même temps. On dirait un énorme essaim d'abeilles. Mais pourquoi pas ? Si ça peut encourager l'équipe, tout marche.

L'arbitre lève la main, tout le monde retient son souffle. Dans quelques secondes ça va démarrer : 3, 2, 1, go ! Et c'est parti, les deux équipes ont des réacteurs au bout des crampons. Quel jeune footballeur n'a pas rêvé de débuter sa carrière avec un titre de champion d'Europe ? Il semble que le numéro 14 français, Kevin Constant, ait décidé d'accrocher cette médaille à son cou le plus rapidement possible. Après seulement vingt-deux petites secondes, il récupère la passe de Jérémy Ménez et tire en haut du filet ! Crac : 1-0. Totalement démentiel.

Les Espagnols sont assommés. Assommés mais pas vaincus. Ils se reprennent et tentent de passer la défense des Bleuets. Sans succès. L'équipe française, comme sur une rampe de lancement, est en marche vers le podium et rien ne semble pouvoir l'arrêter. Malheureusement, à la soixante-troisième minute, une petite faute de Songo'o ouvre un corner à l'Espagne. C'est Piqué qui s'en charge et qui marque de la tête. Cette égalisation désole et inquiète. Personne ne veut gagner au « but en argent ». En effet, l'équipe gagnante serait celle qui mènerait à l'issue de la première période de prolongation. Ce serait une victoire, certes, mais elle n'aurait pas la même saveur. Pour éviter cela il reste un peu moins de trente minutes. C'est totalement possible et le 11 français met le turbo.

À la soixante-dix-neuvième minute, Nasri, qui est alors en dehors de la surface de réparation espagnole, s'empare du ballon et tire au ras de la pelouse, dans le coin des cages. Une petite merveille qui met à terre l'équipe rouge et envoie au ciel l'équipe bleue.

Le score passe à 2-1. Les onze dernières minutes sont déchaînées, mais tous les joueurs savent bien qui va soulever la coupe.

Coup de sifflet final.

Karim bondit. Il peut enfin rejoindre ses coéquipiers, faire la fête, célébrer ce grand événement. Comme tous les autres, il est médaillé. Il n'a pas joué la finale, mais il a participé à la victoire. Le foot est un sport d'équipe. Quand on gagne, on gagne ensemble.

Il revient à Lyon encore plus déterminé, plus travailleur et plus passionné.

Cependant, la véritable conséquence de cette grande victoire est bien plus précieuse et brillante qu'une médaille : son premier rêve va se réaliser...

14

PREMIER CONTRAT

Tout le monde a bien vu que Karim a changé de rythme de travail avant le Championnat d'Europe, mais depuis son retour on dirait qu'il est passé encore un cran au-dessus.

Sur le terrain, il est omniprésent et ses actions sont étonnantes. À force d'enchaîner les buts, il a fini par attiser la convoitise d'autres clubs. Cependant, il aime l'OL depuis trop longtemps pour signer ailleurs et c'est là qu'il a fait toute sa formation.

Il impressionne Jean-Michel Aulas, le président de l'OL, qui le regardait déjà attentivement depuis un certain temps.

Comme toujours, son agent et ami, Karim Djaziri, est en première ligne :

– Le président Aulas est venu me voir pour ton contrat. Ça sent bon Karim, ça sent bon.

– Je suis content, si tu savais.

– Je sais. Alors toi tu continues de bien bosser et de marquer des buts, et moi je m'occupe des papiers. Chacun sa partie, ok ?

– Ok, on roule comme ça.

– Tape-m'en cinq, mon frère.

En attendant, Karim s'investit à fond dans sa préparation physique.

L'équipe première est entraînée par Paul Le Guen. Si Karim signe chez les pros, il devra dire au revoir à Armand officiellement. Cela dit, il connaît déjà Paul. En effet, ce dernier vient parfois le chercher pour jouer en renfort quand un des joueurs de l'équipe première fait défaut à l'entraînement.

Jouer en équipe de réserve est un début tout à fait normal et Karim attend le jour J sans broncher. Fidèle à lui-même, il travaille sans relâche.

Jusqu'ici rien d'inhabituel pour le jeune homme de 17 ans. École, entraînement, CFA, chambre 11. École, entraînement, CFA, chambre 11... Jusqu'au matin où Paul Le Guen fait irruption dans sa classe.

– Bonjour, madame, je vous prie de m'excuser, j'aimerais parler à Karim, s'il vous plaît.

– Je vous en prie.

La classe est peuplée en majorité de sportifs et les professeurs sont prévenus en début d'année que ce genre d'interruption peut arriver.

En revanche, pour Karim, c'est une surprise et il accueille l'événement avec un mélange d'excitation et d'angoisse. Il ne sait pas s'il s'agit d'une bonne nouvelle ou si quelque chose de grave est arrivé à un membre de sa famille. Il bondit de sa chaise et sort de la salle de classe suivi de son entraîneur.

Paul voit bien qu'il faut faire descendre immédiatement la pression, ou la Cocotte-Minute risque d'exploser.

– Calme-toi, Karim, tout va bien. Je ne suis pas venu t'annoncer une mauvaise nouvelle, au contraire.

À ces mots, Karim souffle très fort. Un peu comme un ballon qui se dégonfle. Tout son corps se détend. Il sourit et écoute attentivement Paul, qui est décidément attendri par ce garçon qui ne fait rien à moitié.

– Je suis venu te chercher parce que Sylvain (Wiltord) et Florent (Malouda) sont blessés.

– Ah zut !

Karim n'arrive pas à répondre autre chose. Il aimerait bien, mais son esprit est déjà ailleurs. Tout le monde sait bien qu'une blessure dans le milieu sportif c'est la tuile absolue. Sauf pour les remplaçants. Et le remplaçant... c'est lui. Que va dire Paul ?

– Je ne peux pas les faire entrer contre Sochaux. Donc voilà, j'ai l'honneur de t'annoncer que tu vas jouer en équipe première.

À partir de ce moment-là les muscles du visage de Karim commencent à bouger tout seuls. Il n'arrive plus à contrôler son sourire. Il aimerait bien pourtant, car on ne peut pas sourire à l'annonce d'une blessure. Mais il n'y a rien à faire, il plane complètement. Il va jouer en équipe première. Ça y est, le fameux jour J est arrivé. Si on lui avait dit que ce grand moment arriverait dans une école et pas sur une pelouse, il ne l'aurait jamais cru !

– J'ai besoin de toi à l'entraînement en continu, et ça commence maintenant.

Karim tente de retrouver son calme. Après quelques secondes, il redevient le jeune homme discipliné qu'il est habituellement. Il lève alors les yeux vers Paul et articule posément.

– Vous pouvez compter sur moi. Je vais chercher mes affaires. Je vous rejoins dans une minute.

L'annonce de la nouvelle est comme un feu d'artifice parmi les amis et la famille de la star naissante. Eux aussi attendaient ce match clé depuis longtemps. À Bron, comme à Tola-Vologe, tout le monde croit au potentiel de Karim.

11 janvier 2005. Nous sommes à la veille du déplacement contre Sochaux. Afin d'introniser Karim comme joueur officiel de l'équipe première, un dîner a été organisé. En voyant tous ses coéquipiers réunis pour fêter l'événement, il se dit que ce match sera décidément un sacré souvenir.

S'il savait à quel point il a raison…

Lorsqu'on passe en équipe première, il faut également passer par l'épreuve du discours.

Pour Karim, qui n'a pas ce genre de tempérament, cette nouvelle résonne comme un coup de tonnerre. Depuis qu'il est au centre de formation on ne lui a jamais demandé une chose aussi difficile. Les heures et les heures d'entraînement, le changement de régime alimentaire, la séparation d'avec sa famille, tout cela lui paraît presque facile par rapport à l'idée de se lever devant toute l'équipe pour faire un discours. Rien que d'y penser, il en a des sueurs froides.

Pourtant, impossible d'y échapper. C'est la tradition. Les joueurs insistent et Paul Le Guen confirme.

La volonté de fer de Karim n'y pourra rien, il va devoir y passer.

Ses coéquipiers, Wiltord, Govou, Abidal, et Coupet en tête, sont déchaînés. Plus Karim rougit, plus ils insistent. Ils tapent des mains, font résonner les couteaux et les fourchettes sur la table, chantent comme des supporters. On ne les tient plus. Ils sont tous debout autour de Karim, qui reste assis et se recroqueville sur sa chaise.

– Allez, allez, allez, alleeeez, le discours, le discours, le discours !

Karim sent bien que l'énergie de ses amis n'a pas de limite et qu'ils y passeront la nuit s'il le faut. De son côté il sait que c'est une tradition et que tous les joueurs présents dans la salle sont passés par là. Impossible de faiblir. Ce n'est pas son genre. Il ne sera pas celui qui a reculé devant l'obstacle.

Il se lève et prend une grande respiration.

Tous se taisent instantanément, comme s'ils avaient compris que le discours serait bref.

– Bon, arrêtez de rigoler...

Après avoir imposé son autorité, il respire à nouveau, ce qui permet aux derniers fanfarons de se calmer pour tendre l'oreille.

— ... si je suis là...

La salle entière est suspendue à ses lèvres. Karim enchaîne, après un très léger temps d'hésitation.

— ... c'est pour prendre vos places.

La salle est abasourdie et, effectivement, tout le monde arrête de rigoler. Des discours, il y en a eu mais, des comme celui-là, jamais.

Soudain, le silence est rompu par les applaudissements. Un, puis deux, puis trois, puis toute l'équipe et enfin le staff. Karim est félicité de toutes parts pour sa franchise et son ambition. C'est avec ce genre d'attitude qu'on avance et qu'on fait avancer l'équipe. Les joueurs sont aux anges et le dîner se change immédiatement en fête.

Comme prévu, cette soirée est restée un grand souvenir, et pas seulement pour Karim !

12 janvier 2005. Dans le car qui conduit l'équipe vers Sochaux, l'ambiance n'est plus à la fête mais à la récupération. Certains écoutent de la musique pendant que d'autres dorment. Karim, de son côté,

essaye d'envisager cette rencontre avec un maximum de sérénité et de concentration. Après un tel discours, impossible de se louper.

Paul l'installe sur le banc de touche et ne le fera pas entrer sur le terrain. Pas de quoi énerver Karim qui sent malgré tout que son tour arrive bientôt.

Et effectivement il n'attend que quatre petits jours.

Lyon-Metz, stade Gerland, quatre jours plus tard.

– Karim, tu commences à t'échauffer, je vais te faire entrer. Tu vas remplacer Pierre-Alain.

– Ok, merci.

La seconde mi-temps est déjà bien avancée. Il reste un peu plus de dix minutes avant le coup de sifflet final. Il faut faire vite. Karim a retiré son survêtement, étiré tous ses muscles. Il n'attend que le top départ pour bondir sur la pelouse et montrer de quoi il est capable.

– Top, vas-y, mon grand !

Toute l'énergie et l'envie de jouer explosent d'un coup et il ne faut que deux petites minutes à Karim pour faire une passe décisive à Bergougnoux qui envoie la balle au beau milieu du filet.

– Buuuuuuttttt !

Les rires du dîner d'intronisation de Karim sont à présent un lointain souvenir. Ils ont été effacés par le sang-froid et la technique dont le gone vient de faire preuve. En effet, entre l'entraînement et le vrai match il peut y avoir un monde. Mais là non, Karim n'a pas cédé sous la pression et tout le monde s'accorde à dire qu'il est très en avance pour son âge. Une telle maturité et de tels enchaînements à seulement 17 ans ouvrent généralement les portes d'un très bel avenir.

Ainsi, le 14 janvier 2005, entre deux déplacements mémorables, il signe officiellement pour trois ans avec l'Olympique lyonnais.

En mai 2005, l'Olympique lyonnais remporte le Championnat et Karim accroche un premier titre de champion de France à son palmarès.

15

TOUJOURS PLUS

6 décembre 2005.

Karim a beaucoup joué depuis sa première contre Metz. Il a même été titulaire face à Lens. Son rythme est intense. Il enchaîne les matchs et poursuit sa formation au centre. Ce rythme est à présent inscrit dans son corps. Il sait qu'il en a besoin pour aller vite, pour faire toujours mieux.

C'est comme s'il était devenu accro au travail. Il a compris que sa progression et ses victoires en dépendent, et le plaisir de la gagne est tellement immense qu'il ne peut plus s'en passer.

Aujourd'hui, sixième journée de Ligue des chapions, l'OL rencontre Rosenborg à Gerland. Paul Le Guen est parti en juin et a laissé les clés du vestiaire à Gérard Houllier. Entre Karim et Gérard la communication va passer comme sur des roulettes et il va même tenir une place très importante dans la vie du jeune champion. C'est lui qui va lui apprendre la patience.

– Tu sais, Karim, dans la vie ça ne sert à rien de vouloir tout, tout de suite. Et puis, si tu y réfléchis bien, ce n'est pas possible.

– Vous voulez que je sois patient, c'est ça ? C'est dur ça pour moi, vous savez !

– Je sais, mais si tu es patient tu savoures mieux ce que tu gagnes petit à petit. Pas que les trophées. Dans la vie aussi.

– Mais je veux tout gagner, tout le temps.

– C'est très bien ça, Karim, et tu y arriveras. Mais tout arrive en son heure. Surtout quand on travaille.

Au moment de constituer les équipes, Gérard prend une grande décision : Karim sera titulaire.

Explosion de joie générale. Cette annonce est comme un cadeau d'anniversaire anticipé pour Karim qui aura 18 ans deux semaines plus tard. Une titularisation en Ligue des champions aussi vite, c'est inespéré.

Le groupe est soudé, tout le monde est heureux pour lui. La bonne humeur est partout et booste les joueurs qui rêvent à présent d'en découdre avec les Norvégiens.

Le coup d'envoi est donné. Les deux équipes sont au coude-à-coude et aucune ne souhaite céder le moindre point.

La première mi-temps avance, les actions s'enchaînent et aucun ballon n'arrive à percer. Soudain, Karim anticipe la défense norvégienne et récupère la passe de Carew sur le côté droit. Il frappe sans hésiter et envoie le ballon directement au fond du filet, sans que le gardien puisse faire quoi que ce soit.

C'est la folie. Karim court dans tous les sens. Il est ovationné par ses partenaires et par le public. Il profite à fond de ce moment qu'il attend depuis si longtemps. La patience, toujours la patience...

Ça y est, il vient de marquer son premier but en tant que professionnel. Le premier d'une longue, très longue série.

Malheureusement, vaincu par les Milanais, l'OL sortira du tournoi en quarts de finale.

Alors que l'ambiance est plombée par la défaite, Gérard tient à féliciter son numéro 10 :

– Bravo, Karim, je suis content.

– Mais on est éliminés là quand même !

– Oui je sais et évidemment je n'aime pas ça. Mais, en ce qui te concerne, je suis content. Tu as compris beaucoup de choses cette saison, Karim. On dirait que tu as fini par entendre tous les conseils qu'on t'a donnés. Ton but, avec la passe de Carew...

– Oui ?

– Il était fabuleux.

– Merci.

– Les commentateurs étaient soufflés. Continue comme ça. Bosse, et marque. On est bien là. La prochaine fois, on ira plus loin.

À peine trois mois plus tard, il signe son premier but en championnat face à Ajaccio. Il remportera la compétition et accrochera ainsi ce deuxième titre de champion de France à son palmarès.

Ses exploits en Ligue 1 et en Ligue des champions ont fait de lui le nouvel espoir du foot français.

En mai 2007, Karim devient champion de France de Ligue 1 pour la troisième année consécutive. De son côté, l'Olympique lyonnais est de plus en plus redouté puisque cela fait maintenant six ans qu'ils n'ont pas été battus.

La saison 2007-2008 commence donc sous un soleil radieux.

Jusqu'ici les félicitations et les encouragements venaient principalement des membres de l'équipe ou du président Aulas, mais à présent il semble que Karim ait aussi des fans en Espagne…

16

ÇA COMMENCE À CHAUFFER

26 octobre 2007.

Le journal *Marca*, qui est l'équivalent de *L'Équipe* en Espagne, offre sa première page à Karim. C'est officiel, le Real veut l'embaucher pour la saison suivante.

Karim Djaziri est submergé d'appels, mais, pour le moment, son super 10 ne veut pas quitter Lyon.

– Oui, vous pouvez me faire passer vos propositions, nous les étudierons. *Muchas gracias*.

– Pourquoi tu dis ça, on ne veut pas partir !

– Pour tâter l'ambiance, voir ce qu'ils proposent. Eh, c'est le Real quand même !

– Je sais, tu es fou ? Tu crois que je ne connais pas le club de Ronaldo ?

– Laisse-moi faire, gagne le Championnat, la Coupe et la Ligue, et moi je m'occupe du Real. Ok ?

– Tu en parles à Jean-Michel quand même.

– Évidemment.

À partir de ce moment-là, la température monte d'un cran. Karim a progressé si rapidement, qu'il est devenu un enjeu financier sans qu'on ait eu le temps de dire « ouf ».

Ce joueur est décidément une fusée. Il marque vite et évolue encore plus vite. Pas facile à suivre.

Pour éviter que Karim ne fasse ses valises et endosse le maillot blanc, Jean-Michel Aulas prolonge son contrat jusqu'en 2013.

– Karim, tu sais qu'ici tu es chez toi. Tu as grandi ici, tu as été formé ici, tu es un gars du coin.

– Oui, président, je sais.

– Je te propose de signer jusqu'en 2013. On continue sur notre lancée pour le Championnat, on décroche un record, on se prépare pour la Coupe du monde ensemble. Qu'est-ce que tu en dis ?

– Comme vous avez dit, président, l'OL, c'est chez moi !

Et clac, le contrat est signé.

Les journaux annoncent partout que l'incroyable Benzema reste à Lyon. La ville est en fête, les supporters sont de plus en plus amoureux de leur buteur star. Non seulement il leur rapporte des trophées mais en plus il leur est fidèle. Il a vraiment toutes les qualités.

En revanche l'Espagne fait la tête. Saperlipopette, il ne veut pas venir au Real ! Mais il est fou, celui-là ! Foi d'Espagnols, on n'a pas dit notre dernier mot. Ce garçon est le meilleur buteur du moment, on le veut et on l'aura. Quitte à faire un gros, un très gros, un énorme chèque.

Les deux Karim observent tout cela de loin. Ils savent bien que tout est une question de stratégie... et de patience ! Il faut attendre le bon moment pour dire oui.

Est-ce que Karim a envie du Real ? Évidemment ! Il en rêve depuis qu'il est tout petit ! Mais chaque chose en son temps. Aujourd'hui il faut se concentrer sur le Championnat et la Coupe. Réussir une chose après l'autre pour les réussir toutes...

17

LE TOURNANT

Lorsque la saison 2007/2008 commence, notre triple champion de France a un agenda de compétitions bien chargé.

En effet, il est recruté en équipe de France par Raymond Domenech en vue de l'Euro 2008 et, en parallèle, il continue de défendre les couleurs de l'OL.

Hafid est sur des charbons ardents. Il n'a pas l'habitude de couvrir son fils d'éloges, mais là il ne voit pas comment faire autrement. Cette saison est sans aucun doute celle de Karim. Tout lui réussit. Cela vaut bien quelques bravos. Justement il est venu déjeuner ce week-end, une bonne occasion pour le papa de féliciter son fils.

– Coco, c'est vraiment fantastique ce qu'il t'arrive, ici on est tous très fiers de toi, tu sais.

– Merci, papa, mais si tu pouvais arrêter de m'appeler Coco quand il y a des gens autour, ce serait sympa.

– Oh ça va, c'est Lola et Kamel, ils t'ont connu tout petit !

– Mais enfin, Karim, dit Lola avec un sourire tendre, je t'ai tenu dans mes bras quand tu n'avais que quelques jours ! Si tu veux, je ne t'appelle plus Coco, mais dans mon cœur...

Karim sait bien qu'à Bron il est très soutenu. Le déjeuner se termine et il rentre à Tola-Vologe avec une force supplémentaire : l'amour des siens.

Au mois de janvier un événement un peu particulier est venu augmenter la motivation du terrible attaquant : le derby.

Janvier 2008 : Le Championnat de Ligue 1 a déjà commencé depuis plusieurs mois et les journées se sont enchaînées avec un certain succès pour l'OL. Le tableau des rencontres avance et cette fois le croisement indique le duel de légende : Lyon/Saint-Étienne.

Pour Karim, cette annonce est synonyme de fête. Il se souvient du canapé sur lequel toute la famille se serrait, il se souvient des bols de chips, des copains concentrés, dépités, heureux. Il se souvient des cris et des chants dans les bars de Bron. Il se dit qu'il va entrer sur le terrain vêtu du maillot de l'OL, qu'il va représenter fièrement son camp. Il se dit qu'il fait partie de l'équipe qui peut faire lever un stade entier, que ses actions sont décisives. Bref, il est aussi excité qu'avant, si ce n'est plus.

Il entre sur le terrain derrière Ben Arfa. Plus de trente-cinq mille spectateurs sont venus assister à l'affrontement. La foule accueille les joueurs sous les hourras et les bravos mais ceux-ci savent bien que les virages sont partagés.

Les Lyonnais repèrent très vite leurs supporters, vêtus de rouge et blanc. Les Stéphanois sont en vert.

Juste avant la fin de la première mi-temps, Saint-Étienne marque un but qui lui offre une possible victoire. Le stade est déchaîné et l'OL en panique. Retour au vestiaire dans une ambiance pesante.

La seconde mi-temps est électrique. Les Lyonnais se battent comme des diables pour sauver leur équipe. Rien à faire. Le temps réglementaire s'achève sans qu'aucun but n'ait été marqué. Panique à bord. Restent les prolongations. Deux minutes trente pour changer l'histoire, pas plus.

Et c'est la faute. Pas chez les Lyonnais, non. Chez les Verts ! Incroyable. L'arbitre ordonne un coup franc. Un peu plus tôt, Ben Arfa a raté le sien, alors Karim ne laisse le choix à personne. Il décide de le tirer. Il est à plus de vingt-trois mètres. Il fixe les cages d'un regard noir. On pourrait presque croire qu'il atomise le mur avec ses yeux. Un petit pas en arrière et « tatatatata », il mitraille la lucarne. C'est l'égalisation, le miracle. Le stade est debout, tout le monde crie, hurle, applaudit, chante. Il est le héros du soir.

Il ne le sait pas mais, à Bron, c'est la folie aussi. Il a électrisé une ville entière. Sa ville.

Un peu plus tard, à un journaliste qui l'interviewera sur ses nombreuses victoires, il dira en souriant :

– Ce but contre Saint-Étienne je m'en souviens comme si c'était hier. J'étais déterminé, je voulais absolument marquer. Un derby, pour un Lyonnais, c'est très particulier.

Après ce coup franc venu de l'espace, il devient l'idole des médias et de la jeunesse. Il fait la couverture des magazines et est même invité sur les plateaux de télévision.

– Papa, regarde, ils disent que je suis le « nouveau Zidane ». Tu te rends compte ! Zidane ! Ils disent

« Lacombe » aussi. Il faut que j'appelle Bernard, ça va le faire marrer.

– Ne t'inquiète pas, il a déjà dû le lire.

– C'est vrai. Attends... Là, regarde !

– Quoi ?

– Ils disent « Ronaldo » ! Ils disent « le nouveau Ronaldo ». Aaaaaahhhhh je vais devenir fou ! Ronaaaallllddooooo !

– Ok, redescends un peu sur Terre. C'est vrai qu'il était beau, ton coup franc, mais la saison n'est pas terminée. Je te rappelle que tu as encore le Championnat et la Coupe sur le feu.

– Ok, ok... N'empêche qu'on a battu Saint-Étienne.

– Ah ah ah, tu n'es pas possible, toi !

Cette victoire fait du bien à Karim. En effet les matchs en équipe de France lui posent un peu plus de difficultés.

Pourtant cela fait déjà un moment qu'il va s'entraîner à Clairefontaine. Il connaît bien les lieux, les gens et évidemment ses coéquipiers. Parmi les anciens, il y a Thierry Henry. C'est un recordman, le meilleur buteur de tous les temps en équipe de France, une référence pour Karim, qui est ravi de jouer à ses côtés en compétition officielle.

Il s'est même fait un bon copain : Franck Ribéry, un milieu offensif du Bayern avec qui il fait toutes sortes de blagues. Une fois rentrés chez eux, ils s'appellent pour se parler :

– Salut, Franck, ça va ?

– Pas mal, il fait un peu froid à Munich, mais ça va. Qu'est-ce que tu veux ?

– Rien, mais je me disais, tu crois que Raymond va me titulariser ?

– Je ne sais pas. Il serait fou de ne pas le faire. Il y aura Henry en attaque, ça c'est sûr. Mais pour le deuxième attaquant, il a le choix...

– Je sais... ça me tue ! Il a Gomis ! C'est un mec de Saint-Étienne ! Il ne peut pas me préférer un mec de Saint-Étienne, ce serait la raclée du siècle !

– La vache, tu ne t'arrêtes jamais avec cette histoire de derby !

– Jamais !

– Sinon il a Anelka.

– Mais je suis meilleur, non ?

– Ne me demande pas des trucs comme ça, Karim !

– Je ne suis pas meilleur qu'Anelka ? Tu as de la chance d'être loin, toi !

Finalement c'est une blessure à la cuisse de Thierry Henry qui départagera les joueurs, et Anelka et Benzema seront tous les deux titulaires pour débuter l'Euro.

Mais cela n'arrivera pas avant plusieurs mois et, en attendant, Karim va recevoir plusieurs bonnes nouvelles...

18

PREMIÈRE RÉCOMPENSE

L'enveloppe est banale, toute blanche avec un timbre rouge. Pas de quoi devenir fou, se dit Karim.

Seul le logo de l'UNFP, l'Union nationale des footballeurs professionnels, pourrait lui donner un indice mais il va trop vite pour le remarquer.

En revanche, Jean-Michel Aulas et surtout Bernard Lacombe – avec qui Karim passe de très nombreuses heures et qui le conseille depuis plusieurs années – sont tous les deux surexcités.

Cette enveloppe contient une invitation très spéciale.

Karim, qui est à la fois posé et curieux, prend la lettre et en déchire le haut avec précaution.

La feuille est épaisse et pliée en deux. Il commence à la lire tout bas.

Jean-Michel et Bernard protestent immédiatement :

– Ah non, Karim tu ne nous fais pas ce coup-là ! Tu lis tout fort, on veut profiter nous aussi !

– Ok, ok, c'est bon…

– Alors… Blablabla, monsieur Karim Benzema… c'est moi !

– Oui, on sait, lis plus bas.

– Blablabla, dix-septième cérémonie des Trophées UNFP, blablabla, je suis… je suis… quoi ?

– Allez, vas-y, dis-le !

– Je suis nommé pour le Trophée du meilleur joueur de Ligue 1 !

– Non mais arrête ton délire, c'est génial !

– Il faut que j'appelle mes parents tout de suite !

– Bravo, Karim, c'est magnifique, et surtout très mérité. Encore bravo, mon grand, on est tous très fiers de toi.

Karim sort du bureau de Jean-Michel avec des étoiles plein les yeux.

La salle de réception se trouve en bas des Champs-Élysées. Un cordon de sécurité protège les invités qui se présentent un par un devant les photographes avant de passer les grandes portes vitrées.

C'est un peu intimidé que Karim sort à son tour de la grande limousine noire qui est venue le chercher à l'hôtel. Les flashs crépitent, les photographes et les journalistes l'appellent de partout. Pour le moment, il est un peu déboussolé, mais le jeune attaquant va devoir très vite s'habituer à ce genre de réceptions.

L'orchestre entame les premières notes et les projecteurs se braquent au centre de la scène.

La cérémonie commence. De nombreuses figures du football sont honorées ce soir. Hatem Ben Arfa sera d'ailleurs sacré « meilleur espoir ».

Dans sa tête, Karim invente un discours qui ressemble à celui des grands acteurs d'Hollywood.

– Merci à tous, je remercie mon père, ma mère, mon producteur et toute l'équipe du film... J'ai adoré jouer dans *Star Wars*, vraiment c'était génial...

Ce grand n'importe quoi le détend un peu, en attendant de savoir si oui ou non il a été choisi par le jury. C'est alors que le fantastique Zinédine Zidane fait son apparition et le tire de sa rêverie.

Chaque fois qu'il arrive, Karim ne peut s'empêcher de penser à la fièvre délirante qui a réuni la France entière lors de la Coupe du monde 1998. La fête dans les rues, les drapeaux, la joie, la musique, les chants et ce bonheur partagé par tous. Lui aussi il a chanté *I Will Survive*. Enfin, il a essayé, parce qu'à 10 ans c'était un peu difficile de chanter en anglais sans connaître les paroles !

C'était ça aussi, la magie du grand Zidane. Sa technique devant l'adversaire, et sa discrétion légendaire.

Karim a le sourire aux lèvres rien qu'à le regarder.

– Bonsoir à tous, dit le grand footballeur de sa voix fluette.

À côté de Zizou, il y a une autre grande figure du sport. C'est Christine Arron. Elle a battu de nombreux records de vitesse sur cent mètres. Karim s'y connaît moins bien en athlétisme qu'en football mais il respecte le travail et connaît la réputation de la femme qui se tient devant lui.

C'est elle qui tient l'enveloppe dans laquelle se trouve le nom du vainqueur.

Une voix solennelle rappelle qui sont les nommés : Mamadou Niang (Marseille), Geraldo Wendel (Bordeaux), Jérémy Toulalan (Lyon) et Karim Benzema. Le temps est infini jusqu'à ce que Christine Arron ouvre l'enveloppe et dise :

– Le Trophée UNFP du meilleur joueur de Ligue 1 pour la saison 2007-2008 est attribué à… Karim Benzema !

Karim est aux anges. Il voudrait appeler ses parents évidemment mais il sait que cela devra attendre la fin de la cérémonie. Il se lève sans précipitation et monte récupérer son trophée. Les flashs crépitent à nouveau.

Au loin, Bernard Lacombe lui envoie un regard bienveillant. Karim lui répond d'un sourire. Entre eux les conversations se passent parfois de mots.

Karim récupère son trophée et s'avance devant le micro. Il doit remercier le jury mais son discours sur *Star Wars* n'est pas adapté. Il faut vite trouver autre chose.

– Je remercie le jury, mon équipe, le président Aulas, l'entraîneur, le staff… J'espère pouvoir continuer à faire rêver les gens, et surtout les jeunes. Et puis je dédie cette Coupe à ma mère et mon père.

Décidemment, Hollywood et le foot, ce n'est pas si différent quand on reçoit un prix !

Après la scène large et spacieuse, vient le moment de l'interview devant le petit mur des sponsors. Karim est assailli par les micros et les flashs. Cependant, il reste droit et répond avec assurance aux questions des journalistes :

– Que penses-tu de cette récompense de meilleur joueur ?

– Je ne peux pas dire que je suis meilleur joueur ou meilleur buteur, pour moi l'essentiel c'est de faire gagner mon équipe à chaque match, de marquer beaucoup de buts, parce que je suis attaquant, voilà. Maintenant j'ai gagné ce Trophée mais il en reste deux à aller chercher : le Championnat de France et la Coupe de France pour faire le doublé historique. Donc je vais essayer de faire gagner mon équipe avec tous mes coéquipiers.

Le collectif, toujours le collectif. Même au moment où c'est lui qui est mis à l'honneur il n'oublie pas que le foot est un sport de groupe. Comment le pourrait-il ? C'est ce que lui ont enseigné les entraîneurs et les conseillers qui ont le plus compté dans son parcours.

Il ne saurait même pas dire combien de fois Bernard Lacombe lui a répété :

– Tu dois toujours voir le ballon en entier, pas seulement une partie du ballon. Sinon cela veut dire que tu es caché par tes adversaires et que ton coéquipier ne peut pas te servir. Il ne peut pas t'adresser la balle.

Et, bien entendu, ça fonctionne dans l'autre sens. On ne joue jamais seul.

Quelques jours après cette soirée l'OL gagnera la Coupe de France en battant le PSG 1-0.

L'Olympique lyonnais conserve donc son titre de champion de France et, grâce à la Coupe, Karim réalise le fameux doublé dont il parlait aux journalistes lors de sa remise de trophée.

Malheureusement, en Ligue des champions, c'est la déroute. Manchester United chasse l'OL hors de la compétition en huitièmes de finale.

– Karim, Karim, un mot s'il vous plaît, pour le journal *L'Équipe* à propos de votre défaite.

– Ça fait partie du jeu. On gagnera la prochaine fois.

– On entend parler d'un changement d'entraîneur, Claude Puel va peut-être venir vous coacher, qu'est-ce que vous en pensez ?

– Moi, ce qui m'intéresse, vous savez, c'est d'évoluer dans une équipe forte pour la Ligue des champions. Ce n'est plus possible d'être éliminés en quarts ou en huitièmes. Nous allons passer ce cap et entrer dans la fine fleur européenne.

Malheureusement il ne suffit pas de le dire, et la saison 2009 vient contrarier les résultats époustouflants de 2008.

19

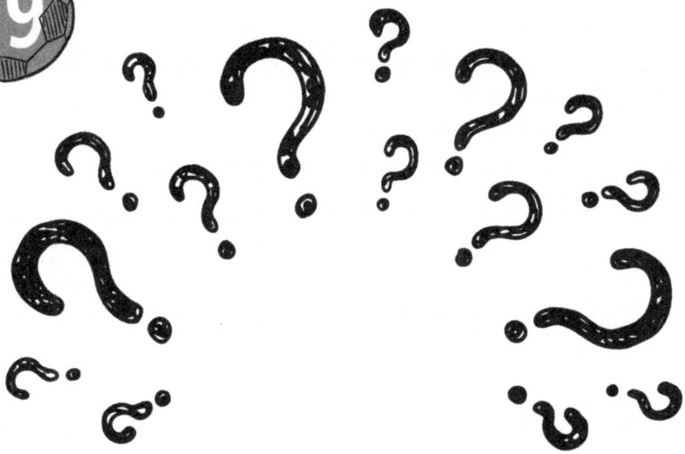

ENTRE LES DEUX, MON CŒUR BALANCE

Karim dit la vérité. Il aime profondément Lyon et l'Olympique lyonnais. C'est là qu'il a sa famille, ses amis, ses racines. Et justement, pour Karim, il n'y a rien de plus important que la famille et les amis. C'est ce qui fait sa force. Il a besoin d'être en confiance pour avancer.

Mais il est aussi un immense passionné de foot et le club qui le fait rêver depuis toujours, c'est le Real.

Alors que faire ?

L'avantage, quand on a un agent, c'est qu'on peut continuer à s'entraîner pendant qu'il s'occupe des coups de fil et des montagnes de papiers qui arrivent du monde entier.

Donc, puisque Karim Djaziri gère l'agenda, les clubs et les sollicitations diverses, Karim Benzema peut se défouler sur la pelouse. Cette mécanique parfaitement huilée lui permet de chasser toute la tension accumulée par cette histoire de transfert.

Les journalistes se pressent autour des grilles, tout le monde veut savoir, tout le temps.

– Alors, Karim, est-ce que c'est vrai que vous allez partir ?

– Je ne ferai aucun commentaire. Pour le moment je suis à Lyon, je reste à Lyon.

– Mais sur Canal Plus vous avez dit que vous iriez jouer au Barça ou au Real !

– Comme je viens de le dire, là je suis à Lyon...

Personne n'arrive à savoir ce que Karim a dans la tête. En plus, au Real, ils parlent d'acheter Cristiano Ronaldo. Le mercato rend tout le monde complètement fou.

Fidèle à lui-même, Karim ne laisse rien paraître. Il s'entraîne sans relâche pour être performant sur le terrain et laisse le soin à son agent d'être... performant au téléphone !

Le soir, ils se retrouvent régulièrement pour boire un coca et faire le point.

– Karim, tu ne sais pas qui m'a téléphoné aujourd'hui ?

– Non, laisse-moi deviner... Le Bayern ? Turin ? Manchester ?

– Alors, non, pour le Bayern, pour Turin et Manchester, oui, mais ce n'est pas le sujet du jour.

– Ah, ok. Dommage pour le Bayern, ça m'aurait fait marrer d'aller jouer avec Franck. Mais alors qu'est-ce que c'est le sujet du jour ? Qui t'a téléphoné ?

– *France Football*.

– Ils veulent une interview ?

– Pas vraiment non. Enfin pas tout de suite.

– Qu'est-ce qu'ils veulent ?

– À ton avis ?

– Attends, c'est ce que je crois ?

– Oui, mon frère.

– Tu es nommé au Ballon d'or !

Rien que d'avoir été nommé, Karim se sent pousser des ailes. Il voudrait monter sur la table et faire une petite danse de la joie mais cela risquerait d'être repris dans les journaux dès le lendemain. Donc il reste assis et savoure sa joie aussi calmement que possible.

Le Ballon d'or c'est LA récompense suprême. Ronaldo l'a eu deux fois !

Karim appelle immédiatement Bernard Lacombe pour lui annoncer la grande nouvelle :

– Bernard, bonjour, c'est Karim, vous allez bien ? Je vous dérange ? Je peux vous parler ?

– Oh, doucement, Karim, qu'est-ce que c'est que cette excitation, qu'est-ce qu'il t'arrive ?

– Je suis nommé au Ballon d'or !

– Bravo, gamin. Tu le mérites. C'est magnifique. Tu vois, c'est tout le travail que tu as fourni qui paye. Et ce n'est pas fini, tu n'en es qu'au début. Tu te rends compte à quel point tu es allé vite ?

– Je ne sais pas. En tout cas je suis heureux et je voulais vous appeler.

– Merci, gamin. Moi aussi je suis content maintenant.

L'annonce de cette nomination n'a pas fait plaisir qu'à Karim et à sa famille. Elle a également beaucoup plu à tous les présidents de clubs.

Le Real passe désormais en mode « mitraillette » et le premier à s'en apercevoir c'est Karim Djaziri.

Ramon Calderón, le président du club espagnol, n'a plus l'ombre d'un doute, il veut l'attaquant lyonnais. Le gagnant du Ballon d'or sera connu à la fin de l'année mais peu importe qu'il remporte ou non ce trophée, un joueur de seulement 20 ans nommé pour cette distinction ne doit pas aller user ses crampons ailleurs qu'à Madrid.

Décembre 2008.

C'est Cristiano Ronaldo qui a été choisi par les jurés de *France Football*. Déçu, Karim se montre quand même beau joueur et félicite l'attaquant portugais, tout en se promettant d'être un jour à sa place. Ce qu'il ne sait pas, à ce moment-là, c'est que dix autres nominations suivront. En effet, il devra à nouveau résister à ce terrible suspense l'année d'après puis en 2011, 2012, 2014, 2015, 2017, 2018, 2019, 2021 et 2022. En tout onze nominations ! Heureusement qu'il a les nerfs solides !

De l'autre côté des Pyrénées, dans la capitale espagnole, les discussions sur son transfert continuent de plus belle.

Coup de théâtre : le Real change de président ! Adieu Calderón, bonjour Florentino Pérez.

Pérez est connu pour ses succès au Ballon d'or. C'est lui qui a recruté Zidane, Ronaldo, etc. Il fait des chèques énormes. C'est carrément lui qui a inventé les « Galacticos » ! Mais alors qu'en est-il du mercato ?

On parlait aussi de la venue de Cristiano Ronaldo. Karim et lui seront-ils coéquipiers ? Est-ce que le club ne fera venir que le Lyonnais ? Est-ce que Karim dira non ? Ou alors oui ? Les journaux ne savent plus quoi penser, la planète foot explose.

– Allô, Karim, tu as vu la une de *L'Équipe* ?

– Oui, papa, je sais : « L'Espagne attend Benzema ! » Que veux-tu que je te dise ? Mon agent est au téléphone toute la journée avec Florentino Pérez. Moi je me concentre sur la Ligue des champions. Je ne parle pas. En tout cas, pas avant les huitièmes.

– Tu as raison. Tu joues pour l'OL alors tu dois marquer pour l'OL.

– Bien dit, papa.

La Ligue des champions ne tend toujours pas les bras à l'Olympique lyonnais et l'équipe est à nouveau éliminée en huitièmes face à Barcelone.

La Coupe de la Ligue leur échappe mais le pire de tout c'est qu'ils cèdent leur titre de champion de France aux Girondins de Bordeaux. Un titre qu'ils gardaient précieusement depuis sept ans !

Comme promis, Karim accepte de parler à la presse qui attend le scoop du transfert en trépignant près du terrain d'entraînement. Les spécialistes pensent tous que cette défaite avec l'OL pousserait Karim à faire ses valises.

– Alors, Karim, vous allez partir au Real ?

– Non, je vais rester à Lyon la saison prochaine.

– Oooohhhhh...

– Oui, je connais tout le monde ici, je me sens très bien à Lyon. J'ai encore plein de choses à apprendre en dehors et sur le terrain. À 21 ans, je suis encore en formation, je vais encore grandir, progresser. À l'OL j'enchaîne les grands matchs, je dispute la Ligue des champions.

– Le président Aulas doit être soulagé ?

– Vous ne lui avez pas encore demandé ? dit Karim avec un sourire malicieux.

– Non, mais sérieusement, Karim ?

– Sérieusement, aujourd'hui je pense d'abord à mon équipe et aux supporters. Je veux marquer des buts et faire de grands matchs, voilà. Le reste, c'est du papier. Merci.

Les reporters repartent avec une déclaration mais pas celle qu'ils attendaient.

De son côté, Lyon reprend son souffle. Légèrement accablé par les médiocres résultats de la saison, le club accueille cette nouvelle comme un soulagement.

Tant pis si le classement au championnat n'est pas celui qu'ils attendaient, tant que Karim reste lyonnais tout va bien.

Malheureusement, l'accalmie ne dure pas très longtemps. À peine trois mois plus tard, une autre rumeur éclate. Le Barça annonce sa volonté de récupérer Karim. Cette fois, le Lyonnais voit rouge et sort de sa réserve.

– Je l'ai déjà dit vingt-cinq fois, je suis bien à Lyon. Je vais couper mon téléphone, ne pas suivre les infos, me reposer et comme ça je vais bien redémarrer la saison.

Les journalistes n'ont pas l'habitude d'avoir un Karim énervé face à eux. Ils connaissent le buteur acharné, celui qui ne laisse rien passer, ils connaissent l'attaquant qui attaque, mais ils ont désormais affaire à l'homme qui se défend.

Karim est aussi un grand tacticien. Alors, en partant, il ajoute une petite phrase :

– Si le président Aulas reçoit une offre et qu'il me pousse à partir, j'y serai contraint.

Les rédactions des magazines sportifs mondiaux sont à nouveau tout excitées. Qu'a-t-il voulu dire par là ? Est-ce qu'une offre est sur la table ? Est-ce qu'il va vraiment partir ? Et surtout où ? En tout cas une chose est sûre, on ne peut pas lui poser la question !

20

IL NE FAUT JAMAIS DIRE JAMAIS

Juin 2009. La température monte et les esprits s'échauffent.

Le mercato n'a pas fini de faire couler l'encre des journaux. Cette fois c'est le transfert de Cristiano Ronaldo qui déchaîne les passions. Manchester United aurait touché plus de quatre-vingt-dix millions pour le laisser partir... au Real. Le club anglais aurait donc besoin d'un attaquant et serait prêt à y mettre le prix. Journalistes et supporters se régalent. Le suspense augmente de jour en jour.

Ce coup-ci, Karim refuse de parler et renvoie directement les questions à son agent.

– Monsieur Djaziri, est-ce que c'est vrai que Manchester a fait une offre ?

– Karim veut rester à l'OL jusqu'à la Coupe du monde 2010. Un départ n'est pas à l'ordre du jour.

Cependant tant que le mercato n'est pas bouclé, la presse n'ira pas se coucher, et ça, tout le monde le sait.

Florentino Pérez met donc un petit coup d'accélérateur.

Karim est en vacances et il en a bien besoin. Entre les entraînements, les matchs, les interviews et la pression du transfert, une petite sieste au soleil est la bienvenue.

Lorsqu'il rentre à Lyon, les négociations avec le Real ont avancé... mais aussi celles avec Manchester ! Dans les coulisses c'est la confusion totale et l'entourage de Karim fait tout pour ne rien laisser filtrer.

Manchester offre une somme plus importante, mais le cœur de Karim est depuis longtemps au Real.

– Pfff j'en ai marre.

– Mais de quoi, Karim ? lui répond son agent.

– J'ai envie de m'entraîner tranquille. Je veux être avec mon équipe. J'en ai marre de penser à toutes ces histoires de transfert.

– Mais tu t'attendais à quoi ? Tu es devenu hyper fort. Et puis tu devrais être flatté. Tu te rends compte du nombre de clubs qui se battent pour te recruter ?

– Je sais, mais là, moi je veux juste viser les cages. Je ne veux plus écouter les commentateurs, les journalistes, tout ça...

– Je comprends. Mais ils n'ont pas tort. Ils parlent de ta technique, de ta vitesse, de ta fluidité. Il y en a même qui te comparent à Zidane, et à Ronaldo. Tu sais, ce Brésilien que tu adores depuis que tu as appris à taper dans un ballon. Ça te dit quelque chose ?

– Ok, ça va, d'accord, ça j'aime bien.

– Eh bien tu vois !

Karim est promis à un destin international. La première question est : quand ?

Comme par hasard, son planning prévoit depuis un certain temps le tournage d'une publicité à Barcelone. Le lundi 29 juin, il s'envole donc pour l'Espagne.

Arrivé dans la ville du Barça, il est poursuivi dans ses moindres déplacements. Il ne peut pas faire un pas sans trouver un journaliste derrière lui. Il est assailli de toutes parts. Il a des gardes du corps mais ils ne servent à rien.

– Karim, Karim, ça vous dirait de porter le maillot des Blaugranas ?

Il n'a jamais appris l'espagnol mais « Blaugrana » est un mot familier. Il a parfaitement compris que la femme qui tient le micro lui demande s'il veut porter les couleurs du Barça. Il ne peut pas répondre en espagnol alors il lève le pouce. La femme et tous ses collègues sont ravis. Cependant ils osent une deuxième question :

– Et Karim, le maillot blanc, c'est pour bientôt ou pas ?

Cette fois Karim décide de répondre, mais en français. Tant pis se dit-il, ils se débrouilleront.

– Je ne sais pas, je suis là pour tourner une pub.

Karim doit rentrer dans trois jours. Son équipe l'attend à l'entraînement. Un entraînement qui a commencé d'une façon un peu bizarre puisque la star du club, celle qui fait couler tellement d'encre depuis des mois, est absente.

Tout autour du stade il y a une forêt d'appareils photos. Les déclarations de l'entraîneur Claude Puel sont tout ce qu'ils pourront obtenir, alors ils courent après sans lâcher prise. Pour un peu, on dirait Karim derrière son ballon !

– Monsieur Puel, où en est-on du transfert ? Est-ce que Karim fait toujours partie de l'OL ?

– Karim est chez nous, il n'est pas à vendre. Jusqu'à maintenant il a toujours dit qu'il voulait rester un an de plus à l'OL avant la Coupe du monde. Mais on ne peut pas retenir un joueur contre sa volonté. On verra s'il y a des offres concrètes. Pour le moment ce n'est pas le cas.

– Pardon mais ce n'est pas la version espagnole.

– Le marché lancé par le Real est assez bizarre. Nous étudierons la proposition, si elle venait à se présenter.

Les journalistes remercient poliment l'entraîneur, qui repart vers le terrain. De leur côté ils retournent vers leurs rédactions sans être vraiment convaincus par ce qu'ils viennent d'entendre.

Et il faut croire qu'ils ont raison.

Le 30 juin, l'OL et le Real tombent d'accord : Karim va porter le maillot blanc de l'équipe qui le faisait rêver quand il était enfant.

Il va devenir un « Galactique ».

BONUS !

KARIM BENZEMA

KARIM BENZEMA

Surnoms : « Coco », KB9

Date de naissance : 19 décembre 1987

Lieu de naissance : Lyon

Taille : 1,85 mètre

Poids : 81 kg

Position principale : Attaquant

Pied fort : Droit

Maillots : N° 9, N° 10 (N° 19 en équipe de France depuis 2021)

Parcours :

AS des Buers Villeurbanne (1993-1996) ; SC Bron Terraillon (1996-1997) ; Olympique lyonnais (1997-2009) ; Real Madrid CF, Espagne (2009-).

Carrière en sélection nationale : 97 sélections

PALMARÈS

→ EN CLUB

Championnat de France : 2005, 2006, 2007, 2008 (Olympique lyonnais)

Coupe de France : 2008 (Olympique lyonnais)

Trophée des champions : 2006, 2007 (Olympique lyonnais)

Championnat d'Espagne : 2012, 2017, 2020, 2022 (Real Madrid CF)

Coupe du Roi : 2011, 2014 (Real Madrid CF)

Super-Coupe d'Espagne : 2012, 2017, 2019, 2022 (Real Madrid CF)

Ligue des champions : 2014, 2016, 2017, 2018 (Real Madrid CF)

Super-Coupe UEFA : 2014, 2016, 2017 (Real Madrid CF)

Coupe du monde des clubs : 2014, 2016, 2017, 2018 (Real Madrid CF)

→ EN SÉLECTION

Championnat d'Europe : U17 2004

Meridian Cup : U18 2005

Quart-de-finaliste Championnat d'Europe : 2012

Quart-de-finaliste Coupe du monde : 2014

Ligue des nations de l'UEFA : 2021

→ PERSONNEL

Meilleur buteur de Ligue 1 : 2008

Meilleur buteur de Coupe de France : 2008

Étoile d'or de Ligue 1 attribuée par *France Football* : 2008

Trophée Bravo du meilleur jeune joueur d'Europe : 2008

Trophée UNFP du meilleur joueur de Ligue 1 : 2008

Trophée UNFP du meilleur joueur français de l'étranger : 2019, 2021

Meilleur joueur français *France Football* : 2011, 2012, 2014

Meilleur joueur de la Liga Santander : 2019

Trophée Alfredo Di Stéfano du meilleur joueur de Liga attribué par le *Marca* : 2020

NUMÉRO 9 À LA KARIM BENZEMA

LE « POSTE »

Placé au plus haut du terrain, à proximité des buts adverses, **l'attaquant** a pour tâche principale de concrétiser le jeu offensif de son équipe, en marquant des buts et en créant des occasions.

Décisif, le rôle de l'attaquant peut toutefois varier en fonction de ses qualités et de l'organisation tactique de l'équipe. Il se répartit ainsi entre ailiers et avant-centre.

Classiquement, les ailiers, techniques et rapides, évoluent le long de la ligne de touche en attaque. Situé dans l'axe, au plus près du but adverse, **l'avant-centre** chargé de concrétiser les actions de son équipe doit faire preuve d'excellents appels de balle, de sang-froid, de finition et d'audace. Plus simplement, c'est le joueur qui doit marquer les buts !

LES MEILLEURS NUMÉROS 9 :

Cristiano Ronaldo, Zlatan Ibrahimovic, Marco Van Basten, Robert Lewandowski, Jean-Pierre Papin, Gerd Müller...

LE 9 SELON KARIM BENZEMA

Karim Benzema est considéré comme un avant-centre capable d'évoluer également en « 9 1/2 », c'est-à-dire de jouer en se mettant au service d'un autre avant-centre.

« Je suis devenu le numéro 9 que je voulais être », déclarait en 2021 le champion élu meilleur joueur français *France Football* de l'année, mettant en avant son style singulier de buteur efficace, opiniâtre, altruiste et généreux, à l'image de son prénom. « Bouger, décrocher, faire des passes décisives, jouer en pointe, en une touche, je sais le faire depuis longtemps et je l'ai toujours fait. [...] Quand je joue, j'essaye de respecter le foot. Parce que je l'aime. Par exemple, je ne peux pas tirer dans un angle fermé alors qu'un coéquipier s'est démarqué. Je vais lui passer le ballon. [...] J'essaye de rendre les autres meilleurs. Et, ça aussi, c'est respecter le foot : faire le bon appel, la bonne passe, si le mec a la balle, ne pas aller dans son espace et ramener des défenseurs mais s'écarter pour lui laisser de la liberté. »

Petit, KB9 jouait avec les plus grands. « Je devais voir et prendre l'information plus vite. J'ai appris à jouer vite, avec la tête. J'analyse le jeu de mes partenaires. Je sais à peu près ce qu'ils vont faire. »

« J'aime le foot quand ça joue, en une touche, que c'est fluide, avec du mouvement, de la prise de risques. Le joueur se trouve seul, tu lui mets une passe, il te la remet. Tu te retrouves devant le gardien, tu tentes une feinte et tu la donnes à ton partenaire. Et, à chaque fois que je joue, c'est ce que je fais, et je ne vais jamais changer. C'est comme de conduire une Ferrari ! Le jeu, faut que ce soit beau et élégant. »

« J'ai cette chance d'aimer le jeu, d'être un attaquant différent. Mais j'aime aussi inscrire des buts. Normalement, tu ne peux pas faire les deux. Mais, moi, j'y arrive. [...] Je ne joue pas comme un numéro 9 qui reste dans la surface, mais je sais le faire. Je ne joue pas comme un numéro 9 qui ne fait que décrocher, mais je sais le faire. Je sais un peu tout faire. Cela résulte de beaucoup de travail. Donc, unique, oui. J'ai grandi en regardant Ronaldo, l'attaquant brésilien, et, à mes yeux, il savait tout faire. »

Ses forces sont :

- son sens du but ;
- sa technique ;
- sa vision du jeu ;
- sa rapidité.

On lui a parfois reproché de ne pas rester suffisamment dans la surface et de trop décrocher… mais les résultats sont là ! Imparables.

JOUE-LA TACTIQUE

LE 4-2-3-1

Le 4-2-3-1 est considéré, avec le 4-4-3, comme le schéma tactique désormais le plus répandu.

Ce dispositif s'organise avec quatre défenseurs, deux milieux jouant devant la défense, deux ailiers qui vont se replacer en tant que milieux de terrain excentrés en phase défensive, un numéro 10 ou un neuf et demi accompagné d'un avant-centre.

Les équipes utilisant ce système de jeu recherchent avant tout de la flexibilité sans pour autant négliger la stabilité défensive. Il a notamment été utilisé par Didier Deschamps avec les Bleus lors de la Coupe du monde 2018. Le Bayern Munich de la fin de saison 2019/2020, dirigée par Hansi Flick, est également une référence d'un 4-2-3-1 bien animé, imprévisible et attrayant.

LES AVANTAGES

→ Offre une flexibilité tactique.

→ Permet de jouer la possession ou en contre.

→ Assure une grande stabilité défensive, grâce à la présence de 6 joueurs à vocation défensive (4 arrières et 2 milieux défensifs), sans pour autant léser le jeu offensif avec quatre autres joueurs de champs.

LES INCONVÉNIENTS

→ Demande aux joueurs beaucoup plus d'efforts physiques qu'un 4-3-3 traditionnel. Peut laisser des espaces entre les latéraux et les ailiers.

→ Demande de gros efforts à l'attaquant de pointe lors des phases de pressing.

→ Offre une animation offensive stéréotypée et dépendante des 4 joueurs offensifs, qui peut entraîner une forme de lassitude.

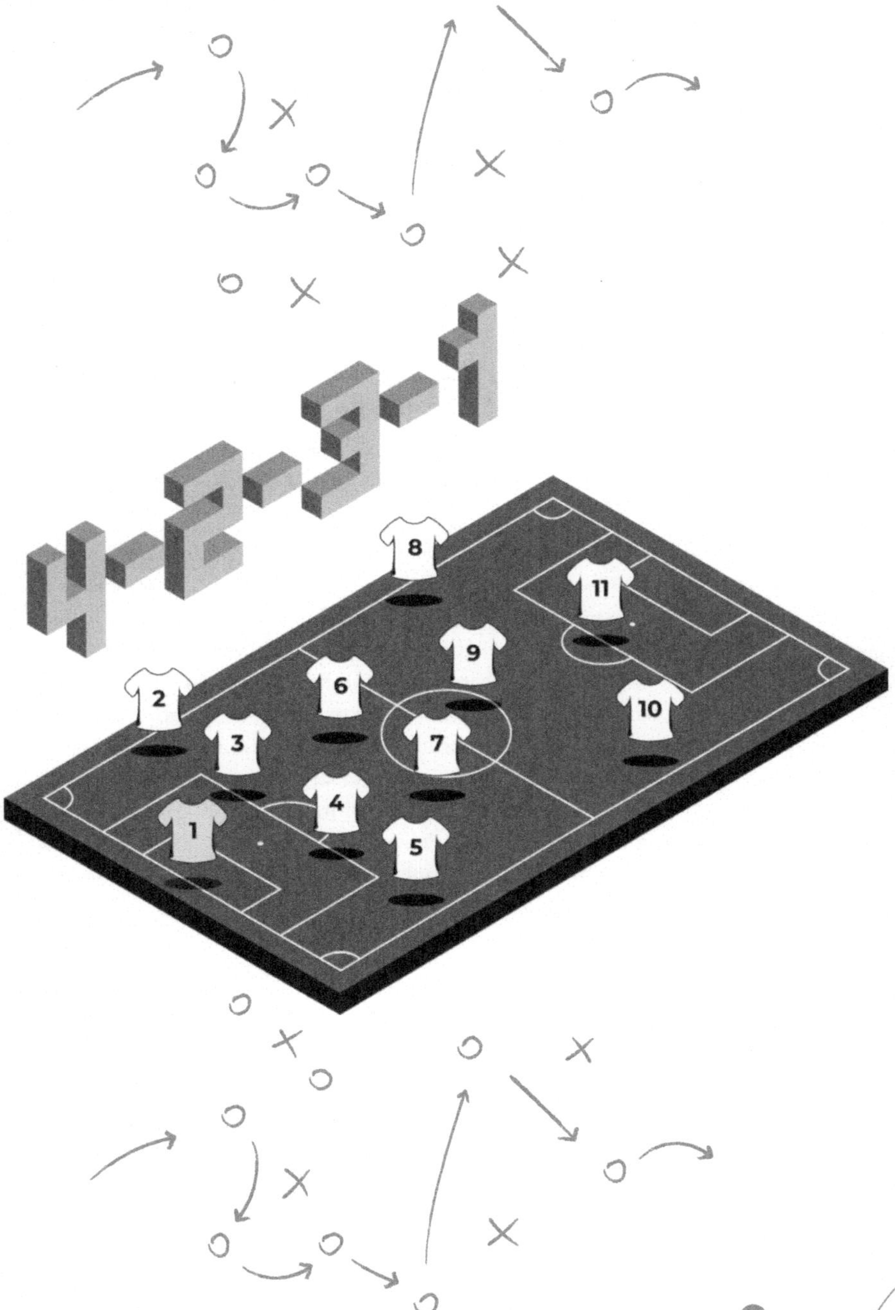
4-2-3-1
8
11
9
6
2
10
3
7
4
1
5

ATTAQUANT

Placé au plus haut sur le terrain, l'attaquant a pour rôle de marquer des buts, même si tous les joueurs de l'équipe peuvent le faire.

Selon l'organisation tactique choisie, le nombre d'attaquants au sein de l'équipe varie entre un et trois. S'il y a un attaquant principal, il s'agit de l'attaquant de pointe. S'il y a deux attaquants, on les appelle l'avant droit et l'avant gauche. S'il y a trois attaquants, on qualifie celui placé à gauche d'« ailier gauche », celui placé à droite d'« ailier droit », celui du milieu, généralement plus avancé dans l'axe, étant l'attaquant de pointe ou avant-centre. Le poste où excelle notre champion !

Karim Benzema a fait ses débuts en équipe de France A le 28 mars 2007 contre l'Autriche. C'est également ce jour-là qu'il a inscrit son premier but avec les Bleus.

Selon Karim Benzema, le numéro 9 idéal est « un mec qui sait tout faire, autant apporter à son équipe par des mouvements, des possessions de balle et des passes décisives, que marquer. » Il précise : « Construire et finir sont deux choses différentes. La construction procure un plaisir collectif. Tu te trouves dans le mouvement, tu touches le ballon et, même quand tu ne le touches pas, tu ouvres des brèches pour les autres. Le but apporte une sensation forte individuellement et importante collectivement, comme une double sensation. Donc, marquer un but revient à mettre des accélérations avec une Ferrari. L'adrénaline. » Comme lorsqu'il marque le but contre l'Atlético de Madrid (2-0, 12 décembre 2021) : « Je décroche pour presser un peu Koke, il perd la balle, nous la récupérons, Casemiro me la donne, je décale et je termine ! »

Les qualités de l'attaquant sont :

- La puissance dans les duels
- Une excellente finition
- L'efficacité et la vivacité de décision
- La vitesse
- Un bon jeu de pieds et de tête
- Un mental d'acier et l'audace

« Tous les joueurs disposent de capacités différentes. Si mon fils joue au foot un jour et qu'il occupe le même poste que moi, j'aimerais qu'il joue de la même manière que moi. Et pas qu'il ne sache que marquer des buts », avouait notre champion en 2021.

BENZEMA
9

À TOI DE JOUER !

1. Dans quelle ville habite la famille de Karim Benzema durant son enfance ?

2. Quel est le premier surnom de Karim Benzema ?

3. À quel âge Karim Benzema intègre-t-il le centre de formation de l'OL ?

4. Quelle est l'idole, le joueur de football modèle de Karim Benzema, enfant ?

5. Quels sont les prénoms des deux frères cadets de Karim Benzema, également joueurs de football ?

6. Comment s'appelle l'entraîneur de Karim Benzema en U17 à l'OL ?

7. En quelle année Karim Benzema signe-t-il son premier contrat professionnel et remporte-t-il son premier Championnat de France avec l'OL ?

8. Comment s'appelle l'agent et ami de Karim Benzema ?

9. Contre quelle équipe Karim Benzema dispute-t-il son premier match pro ?

10. Quel club dont il rêvait enfant Karim Benzema rejoint-il en 2009 ?

1. Bron, dans le quartier du Terraillon ; 2. Coco ; 3. À 9 ans ; 4. Ronaldo ; 5. Gressy et Sabri ; 6. Armand Garrido ; 7. En 2005 ; 8. Karim Djaziri ; 9. Metz ; 10. Le Real Madrid.

5 MOTS EXPLIQUÉS

Appel :

Un joueur fait un appel au porteur du ballon lorsqu'il lui indique, par son déplacement sur le terrain, qu'il est disponible pour recevoir le ballon.

Banc :

Correspond à la zone en bordure de terrain dans laquelle se trouvent les remplaçants, le staff technique et l'entraîneur de chaque équipe. On compte donc deux bancs durant un match de football, un par équipe, le plus souvent séparés par l'accès aux vestiaires.

Crochet :

Effectuer un crochet, c'est éliminer un adversaire en réalisant un brusque changement de direction d'un côté ou de l'autre. Crochet extérieur : avec l'extérieur du pied. Crochet intérieur : avec l'intérieur du pied.

Derby :

Le terme désigne une importante rencontre sportive mettant aux prises deux équipes géographiquement proches. Le journal anglais *Daily Express* utilise pour la première fois ce terme en octobre 1914 dans le cadre du football pour évoquer un match entre Liverpool et Everton. Le monde francophone du football validera cette expression dès 1927. Dans le Championnat français, des matchs tels Lyon/Saint-Étienne ou Lille/Lens ou Nice/Monaco sont des derbys géographiques. Il n'existe pas de réelle règle pour déterminer quelle distance entre les localités d'origine des deux équipes permet de qualifier la rencontre de « derby ». Mais on qualifiera plutôt de « classico » un match entre deux équipes à la rivalité légendaire, comme Marseille/PSG, Barcelone/Real Madrid. Dans les grands championnats étrangers, les derbys relèvent plus d'un affrontement entre deux clubs d'une même ville : Manchester United/Manchester City, Arsenal/Chelsea, Inter Milan/AC Milan, Juventus Turin/Turino en sont d'illustres exemples.

Lucarne :

La lucarne est la partie de la cage formée par l'angle supérieur du montant droit ou gauche et de la barre transversale. De quoi contrarier ceux qui pensaient que « tirer en pleine lucarne » revenait simplement à mettre un ballon dans les buts !

TABLE DES MATIÈRES